*Christian Grethlein*
Methodischer Grundkurs
für den Religionsunterricht

*Christian Grethlein*

# Methodischer Grundkurs für den Religionsunterricht

Kurze Darstellung der 20 wichtigsten Methoden
im Religionsunterricht der Sekundarstufe 1 und 2
mit Beispielen

EVANGELISCHE VERLAGSANSTALT
Leipzig

Die Deutsche Bibliothek – Bibliographische Information

Die Deutsche Bibliothek verzeichnet diese Publikation in der Deutschen Nationalbibliographie; detaillierte bibliographische Daten sind im Internet über <http://dnb.ddb.de> abrufbar.


2. Auflage 2007
© 2000 by Evangelische Verlagsanstalt GmbH · Leipzig
Printed in Germany · H 6635
Alle Rechte vorbehalten
Gedruckt auf alterungsbeständigem Papier
Satz: Kai-Michael Gustmann, Leipzig
Druck und Binden: Hubert & Co., Göttingen

ISBN 978-3-374-01808-6
www.eva-leipzig.de

# Inhaltsverzeichnis

# Einführung

Religionsunterricht an öffentlichen Schulen ist eine große Chance
– für die Heranwachsenden, denn sie können hier in systematischer,
  nicht von Kommerzinteressen bestimmter Weise über zentrale Fragen
  menschlichen Lebens nachdenken,
– für die Schule, denn sie wird – wenigstens teilweise – aus der Spannung befreit, Kindern und Jugendlichen klare Orientierungen geben,
  aber zugleich weltanschauliche Neutralität wahren zu müssen,
– für die Kirche, denn sie kann hier in Kontakt zur nächsten Generation
  treten wie sonst an keinem Ort und so wichtige Einsichten für die zu-
  künftige Kommunikation des Evangeliums gewinnen.

Diese Chancen setzen voraus, dass Religionsunterricht sachlich korrekt und
methodisch ansprechend erteilt wird. Das vorliegende Büchlein will zu
Letzterem verhelfen.[1] In einer Zeit zunehmender Ästhetisierung und der
Prägung der meisten Heranwachsenden durch die aufwändigen Präsen-
tationen in den Massenmedien kommt der methodischen Arbeit wachsende
Bedeutung zu. Schülerzugewandtheit und Freundlichkeit der Religionslehrerinnen[2] sind zwar wichtige Voraussetzungen, aber noch nicht hinreichend für das Gelingen des Unterrichts, konkret die Anbahnung einer
gemeinschaftlichen, möglichst intensiven Beschäftigung mit den Inhalten
christlichen Glaubens und anderer Formen der Daseins- und Wertorien-
tierung.

Das Büchlein entstand – auf der Grundlage meiner sechsjährigen Unterrichtspraxis an Hauptschule und Gymnasium – im Zusammenhang mit
den Religionspädagogischen Pro- und Hauptseminaren, die ich seit nunmehr
zwanzig Jahren in der universitären Ausbildung von Religionslehrer/innen
und Pfarrer/innen anbiete. Dabei vermisse ich nach wie vor für die konkrete
Arbeit der Planung und dann der Nacharbeit von studentischen
Unterrichtsversuchen eine knappe, übersichtliche Einführung in methodische Alltagspraxis. Es ist leichter, sich ausführlich über das Bibliodrama –

---

1  Wer an der religionspädagogischen Position des Verf. inmitten der Vielzahl von Konzeptionen und Entwicklungen interessiert ist, sei verwiesen auf: Chr. Grethlein, Fachdidaktik Religion, Göttingen 2005.
2  Im Folgenden verwende ich – angesichts der Tatsache, dass die Religionslehrerinnen die
   Mehrzahl der Religionslehrerschaft bilden – meist die weibliche Form „Lehrerin" bzw.
   „Religionlehrerin", worin aber selbstverständlich auch die männlichen Lehrkräfte
   inkludiert sind.

eine die Möglichkeiten einer Schulstunde weit übersteigende Methode – als knapp über das Erstellen eines Arbeitsblattes zu informieren. Bei meiner fünfjährigen Tätigkeit in den neuen Bundesländern begegneten mir dazu im Zusammenhang mit der Einführung des Religionsunterrichts an den Schulen nicht unerhebliche methodische Unsicherheiten bei den (in der DDR für die „sozialistische Schule" ausgebildeten) Lehrerinnen, die an der Weiterbildung zum Erwerb der Lehrerlaubnis bzw. -befähigung in Evangelischer Religion teilnahmen. Hier wurde mir nachdrücklich vor Augen geführt, dass der Evangelische Religionsunterricht auch im methodischen Bereich Besonderheiten hat.

Um jungen Kolleginnen und Kollegen, die sich auf eine Unterrichtstätigkeit in Evangelischer Religion vorbereiten, aber auch um älteren Kolleginnen und Kollegen einen Anhalt für die kritische Reflexion der eigenen (teilweise im Lauf der Jahre abgeschliffenen) unterrichtlichen Praxis zu geben, habe ich zwanzig der im Religionsunterricht von Gymnasien und Realschulen besonders wichtigen Methoden zusammengestellt. Gewiss ist damit nur ein kleiner Teil der Möglichkeiten präsentiert, den Unterricht abwechslungsreich zu gestalten. Doch stellen die hier aufgeführten Methoden nach meiner Erfahrung ein Grundgerüst dar, von dem aus weitere Methoden abgeleitet werden können. Dabei verwende ich den Begriff „Methode" extensiv für jedes „Wie" der unterrichtlichen Vermittlung und rechne hierzu auch Sozialformen u. ä. Auch bleibt der Kontext, innerhalb dessen einzelne Methoden Verwendung finden, unthematisiert. Besonderes Interesse dürfte hier in Zukunft auch der Freiarbeit für die Sekundarstufe 1 und 2 zukommen.[3]

In einem ersten Schritt stelle ich die einzelnen Methoden kurz vor. Dabei weise ich anfangs (meist) auf den theologischen bzw. pädagogischen Grundansatz hin, der bei ihrer religionspädagogisch verantwortlichen Verwendung im Religionsunterricht zu beachten ist; danach wird die Einsatzmöglichkeit in verschiedenen Unterrichtsphasen, Klassenstufen und bei verschiedenen -situationen bedacht. Die angefügten Literaturhinweise geben zum einen Veröffentlichungen an, denen ich Anregungen verdanke; zum anderen weise ich auf sie hin, um den Leserinnen und Lesern eine vertiefte (auch theoretische) Beschäftigung mit den einzelnen Methoden zu ermöglichen. Der gesamte erste Abschnitt soll jeweils bei der Unterrichtsplanung methodisch unbedingt zu Beachtendes benennen und ein kritisches Instrumentarium für die Überprüfung des eigenen Methodeneinsatzes an die Hand geben.

In einem zweiten Schritt stelle ich – soweit es zur Veranschaulichung erforderlich erscheint – exemplarisch in der Praxis erprobte Konkretionen vor.

---

3  S. H. K. Berg, Freiarbeit – Freies Lernen, in: Adam, G., Lachmann, R. (Hg.), Methodisches Kompendium für den Religionsunterricht 2, Göttingen 2002, 55–75.

Dabei greife ich teilweise auf bereits veröffentlichtes Material, teilweise auf Produktionen aus der eigenen Unterrichtspraxis zurück (dann fehlt natürlich eine Quellenangabe; die Texte werden jeweils in der neuen Rechtschreibung präsentiert). Diese Beispiele sollen die eigene Unterrichtsgestaltung konstruktiv anregen und beziehen sich inhaltlich auf zentrale Themen des Religionsunterrichts.

Vorab habe ich „Zehn Grundregeln für den Methodeneinsatz im Religionsunterricht" formuliert, die gleichsam als Vorzeichen zur Darstellung der Einzelmethoden fungieren sollen.

Schließlich bleibt zu danken: Claudia Rüdiger B. A. für ihr Engagement bei der technischen Herstellung des Textes sowie wichtige Hinweise zur Überarbeitung bei der 2. Auflage, Prof. Dr. Christhard Lück für kollegiale Anregungen und kritische Durchsicht des Manuskripts in seiner ersten Fassung.

Nach sechs Jahren ist eine Neuauflage des Büchleins erforderlich. Die sich in der Zwischenzeit vollziehende elektronisch-mediale Expansion[4] macht die hier versuchte elementare Einführung in die Methodik des Religionsunterrichts nicht überflüssig. Im Gegenteil: die zunehmende Komplexität medialer Kommunikation birgt neben der Erweiterung von Wahrnehmung die Gefahr der Oberflächlichkeit in sich. Hier kann traditionelle, an primärer bzw. sekundärer Kommunikation interessierte Methodik ein wichtiges Gegengewicht sein. Damit sollen keineswegs die religionsdidaktischen Möglichkeiten durch die neuen Kommunikationstechniken bestritten werden. Doch auch die durch sie initiierten Lernprozesse basieren letztlich auf den sinnlichen Wahrnehmungen der Lernenden sowie den Interaktionen in der Unterrichtsgruppe (einschließlich Lehrenden). So legen also auch die hier behandelten Methoden die Grundlagen etwa für den Einsatz des Internets im Religionsunterricht.

---

4   S. grundsätzlich Chr. Grethlein, Kommunikation des Evangeliums in der Mediengesellschaft, Leipzig 2003.

# Zehn Grundregeln für den Methoden-einsatz im Religionsunterricht

1. *Methodische Abwechslung* in der Unterrichtsstunde ist Voraussetzung für einen effizienten, schülerorientierten Religionsunterricht.
Als Leitlinie[5] kann gelten: In jeder Unterrichtsstunde sollte die Methode mindestens dreimal gewechselt werden – bei Doppelstunden entsprechend mehr. Umgekehrt ist vor zu häufigem Methodenwechsel zu warnen, weil sonst für die Schülerinnen und Schüler[6] leicht der Eindruck eines hektischen und zusammenhanglosen Unterrichts entsteht.

2. Auch im *Gesamtaufbau einer Unterrichtseinheit* sowie bei der Jahresplanung ist darauf zu achten, dass methodisch abgewechselt wird (z.B. nicht drei Rollenspiele in aufeinander folgenden Stunden).

3. Die *einzelnen Methoden* sollen – für die Schüler erkennbar – klar voneinander abgegrenzt sein. Hierzu kann – neben kurzen Pausen beim Methodenwechsel, der Ansage der neuen Methode usw. – die Veränderung des Habitus der Lehrerin/des Lehrers dienen (z.B. sitzt zuerst die Lehrerin, dann steht sie auf o.ä.).

4. Die *Wahl der Methode* ist vom angestrebten Lernziel und dem zu vermittelnden Lerninhalt abhängig.[7]
Weiter ist sie durch das Verhalten(srepertoire) der Klasse bedingt:
– Am Anfang eines Schuljahres muss bei einer neu übernommenen Klasse geklärt werden, welche Methoden die Schüler bisher im Reli-

---

5   Dies gilt natürlich nur für „normale" Unterrichtsstunden, nicht für Frei- und Projektarbeit o.ä.

6   Aus Gründen der sprachlichen Vereinfachung verwende ich im Folgenden bei „Schülerinnen und Schülern" nur „Schüler", wobei auch die Schülerinnen eingeschlossen sind.

7   Neuere Versuche, die Lernzielorientierung zu „überwinden", halte ich gerade im Religionsunterricht für gefährlich. Zum einen kann nur eine klare Zielbestimmung den Eindruck verhindern, im Religionsunterricht werde – so eine Schülerin – „herumgeredet"; zum anderen bietet die Unterscheidung von operationalisierbaren und intentionalen Lernzielen eine sehr gute Möglichkeit, dem Verdacht zu wehren, im Religionsunterricht werde „Glauben" bewertet. Denn dem Lehrer/der Lehrerin steht deutlich die Überprüfbarkeit bzw. Nichtüberprüfbarkeit des in der jeweiligen Unterrichtsphase Behandelten vor Augen. Schließlich kann so auch das berechtigte Anliegen konstruktivistischer Didaktik aufgenommen werden.

gionsunterricht (und in anderen Fächern) gewohnt sind. Noch nicht Praktiziertes, etwa die Gruppenarbeit, muss langsam eingeführt und dann eingeübt werden.

- In großen, unruhigen Klassen empfiehlt sich – zumindest in den ersten Stunden – die Verwendung von disziplinär wenig(er) anfälligen Methoden (z. B. Erzählung, Lehrer- bzw. Schülervortrag, Textarbeit, eventuell Bildbetrachtung).

- Weiter wird die Methodenwahl durch den Gesamtablauf einer Stunde bestimmt. Am besten wechseln konzentrierende und kreative Methoden.

- Schließlich bedürfen Methoden einer authentischen Deckung durch die Lehrerin. So sind Entspannungsübungen nur für Lehrkräfte sinnvoll, die selbst ihr Bedürfnis nach Ruhe entsprechend gestalten.

5. In der Regel bringen Methoden, die die *Selbsttätigkeit der Schüler* fördern und/bzw. *Anschauliches* vermitteln, einen nachhaltigeren Lernerfolg als vorwiegend rezeptives Lernen begünstigendes Vorgehen.

6. Wichtige *Lerninhalte* sind methodisch zu verstärken. Dabei gilt von der primären Ausrichtung des Religionsunterrichts auf das Evangelium (als einer befreienden, Zukunft eröffnenden Botschaft) her, dass vor allem positive, zu einer verantwortlichen Lebensgestaltung ermunternde Inhalte methodisch hervorgehoben werden sollen (z. B. nicht die Darstellung der Umweltgefährdung, sondern die Erarbeitung von Möglichkeiten eines schöpfungsgemäßen Verhaltens).

7. Bei der – durchaus begrüßenswerten, da die Schüler umfassend in ihrer Emotionalität und Leiblichkeit ansprechenden – Verwendung von Methoden, die in die *affektive oder sogar pragmatische bzw. psychomotorische Lerndimension* vorstoßen, gilt zu beachten: eine Schulklasse ist – im Gegensatz zu einer gemeindlichen Kinder- oder Jugendgruppe – eine sog. Zwangsgemeinschaft. Die grundgesetzlich garantierte Austrittsmöglichkeit ist zwar eine gewisse Entlastung, verändert aber nicht grundsätzlich das durch den Charakter eines schulischen Unterrichtsfachs mit Benotung gegebene Problem. Deshalb darf hier nichts verlangt werden, was einzelne Schüler in ihrer persönlichen Einstellung zur Religion überfordern könnte.

8. Beim Einsatz von *technisch aufwändigen* (und damit auch anfälligen) *Methoden* (z. B. Filmbetrachtung) ist, wenn irgend möglich, eine Alternative vorzubereiten. So können peinliche Pannen, etwa auf Grund eines technischen Defekts, vermieden werden.

9. Bei *mehrere Schulstunden hintereinander umfassender Unterrichtstätigkeit*, also dem Normalfall der Tätigkeit von Lehrerinnen, empfiehlt es sich, methodisch Erholungsphasen vom anstrengenden Unterricht vor der Gesamtklasse einzuplanen (z. B. durch Gruppenarbeit, Schülerreferat, Stillarbeit o. ä.). Diese entlasteten Zeiten bieten teilweise im Sinne eines binnendifferenzierenden Unterrichts die Gelegenheit zur speziellen Förderung einzelner Schüler.

10. Für die Verbesserung der methodischen Kompetenz ist die *Nacharbeit* gehaltenen Unterrichts von grundlegender Bedeutung. Hier ist zu überprüfen, inwieweit die gewählte Methode dem Lernziel und den Lerninhalten adäquat war. Entsprechende schriftliche Notizen erleichtern eine methodische Verbesserung im nächsten Schuljahr (vgl. →Hefteintrag 5.).

# Arbeitsblätter

0. Pädagogisch gesehen steht der Religionsunterricht durch sein – auf den ersten Blick wenig greifbares – Hauptthema ‚Gott' in der Gefahr, als ein Fach ohne besondere Wissensgehalte zu gelten. Arbeitsblätter machen dagegen deutlich, dass zum Religionsunterricht klare Ziele und Inhalte gehören. Insofern unterstützt ihr Einsatz den Charakter des Religionsunterrichts als Schulfach.

1. Es gibt verschiedene Formen des Arbeitsblattes:
– Materialblatt: Es enthält einen Text bzw. Texte (z.B. Quellen im kirchengeschichtlichen Unterricht).
– Lückentext: In einem Text sind wichtige Begriffe o.ä. weggelassen und müssen von den Schülern ergänzt werden (Selbstgeschriebenes bleibt eher haften als nur Gelesenes!).
– Arbeitsblatt mit Zeichnungen, Grafiken o.ä.: Es ist mit einem entsprechenden Grafikprogramm (oder Scanner) mittlerweile leicht herstellbar und empfiehlt sich, wenn die Darstellung für eine Skizze an der Tafel (oder deren Übertragung ins Heft) zu kompliziert wäre. Sein Vorteil ist, dass Schüler an ihm weiterarbeiten können und es – bei entsprechender Gestaltung – in unterschiedlichen Stunden herangezogen werden kann.
– Kombinationen der genannten Formen.

2. Arbeitsblätter können in allen Phasen und bei allen Varianten des Unterrichts (ausgenommen der Sozialform des Stuhlkreises) Verwendung finden. Am Beginn einer Unterrichtseinheit dienen sie – bei entsprechender Gestaltung und interessantem, unmittelbar auf den Alltag der Schüler bezogenen Inhalt – der Motivation; in der Mitte bieten sie die Möglichkeit zu intensiver Anwendung von bereits Gelerntem bzw. zur Auseinandersetzung mit Texten o.ä.; schließlich eignen sie sich gut zur Ertragssicherung und können so am Abschluss einer Einheit bzw. Unterrichtssequenz stehen.

3. Die Ausgabe von Arbeitsblättern muss sorgfältig bedacht werden. Nicht selten leiden die Schüler vor allem der Oberstufe unter einer Überfülle von Kopien; nicht nur Schüler unterer Klassenstufen haben oft Schwierigkeiten, in ihre „Lose-Blatt-Sammlung" eine für sinnvolles Arbeiten unerlässliche Ordnung zu bringen.

Deshalb sollten im Religionsunterricht Arbeitsblätter nur ausgeteilt werden, wenn

- sich im Religionsbuch zu dem verfolgten Lernziel nichts Entsprechendes findet,
- eine →Tafelanschrift bzw. eine Projektion auf dem →Overhead-Projektor (eventuell mit anschließendem Hefteintrag) zu lang wäre,
- ein Text o. ä. von den Schülern intensiv (z. B. durch Eintragungen, Unterstreichungen, Markierungen oder Ergänzungen) bearbeitet werden soll.

4. Arbeitsblätter sind in ansprechender, zur Bearbeitung motivierender Weise zu gestalten. Schüler registrieren sehr genau, ob sich ihre Lehrerin Mühe gibt und somit auch eine gewisse Achtung vor ihren Schülern dokumentiert. Die Computertechnik erlaubt ansprechende Ausgestaltungen von Arbeitsblättern.

Ein einheitliches Outfit (etwa mit Thema und Datum in der Kopfzeile) erleichtert die Einordnung in die Mappe (auch ist das Lochen der Blätter durch die Lehrerin eine wichtige Hilfe, denn es ermöglicht das sofortige Abheften in der Unterrichtsstunde).

Bei längeren Texten empfiehlt sich am Rande im 5-Zeilen-Abstand eine Nummerierung, um ein Gespräch über Einzelheiten des Textes zu erleichtern.

Insgesamt ist aber darauf zu achten, dass des Guten nicht zu viel getan (und so vom verfolgten Lernziel abgelenkt) wird.

5. Das Ausfüllen von Arbeitsblättern (in Stillarbeit oder im Klassenverband) wirkt in der Regel konzentrierend. Wie jede andere schriftliche Methode eignet sie sich gut für den Einsatz in disziplinär schwierigen Klassen.

Literatur:
Schelander, R., Arbeitsblätter, in: Adam, G., Lachmann, R. (Hg.), Methodisches Kompendium für den Religionsunterricht 2, Göttingen 2002, 285–293

*Beispiel A:*

*Wer bin ich? (D. Bonhoeffer)*

Dietrich Bonhoeffer, verhaftet und eingesperrt wegen seines Widerstandes
gegen Hitler, schrieb aus dem Gefängnis in Berlin-Tegel folgendes Gedicht
an einen Freund:

WER BIN ICH?

Wer bin ich? Sie sagen mir oft,
ich träte aus meiner Zelle
5     gelassen und heiter und fest,
wie ein Gutsherr aus seinem Schloß.

Wer bin ich? Sie sagen mir oft,
ich spräche mit meinen Bewachern
10    frei und freundlich und klar,
als hätte ich zu gebieten.

Wer bin ich? Sie sagen mir auch,
ich trüge die Tage des Unglücks
15    gleichmütig, lächelnd und stolz,
wie einer, der Siegen gewohnt ist.

Bin ich das wirklich,
was andere von mir sagen?
20    Oder bin ich nur das,
was ich selbst von mir weiß?
Unruhig, sehnsüchtig, krank,
wie ein Vogel im Käfig,
ringend nach Lebensatem,
25    als würgte mir einer die Kehle,
hungernd nach Farben,
nach Blumen, nach Vogelstimmen,
dürstend nach guten Worten,
nach menschlicher Nähe,
30    zitternd vor Zorn über Willkür
und kleinlichste Kränkung,
umgetrieben vom Warten auf große Dinge,
ohnmächtig bangend
um Freunde in endloser Ferne,

35       müde und leer zum Beten,
zum Denken, zum Schaffen,
matt und bereit,
von allem Abschied zu nehmen?

40       Wer bin ich? Der oder jener?
Bin ich denn heute dieser und morgen ein anderer?
Bin ich beides zugleich?
Vor Menschen ein Heuchler
und vor mir selbst
45       ein verächtlich wehleidiger Schwächling?
Oder gleicht, was in mir noch ist,
dem geschlagenen Heer,
das in Unordnung weicht
vor schon gewonnenem Sieg?
50
Wer bin ich?
Einsames Fragen treibt mit mir Spott.
Wer ich auch bin, Du kennst mich,
Dein bin ich, o Gott.

Aus: Bonhoeffer, D., Widerstand und Ergebung, Neuausgabe ²1977, Chr. Kaiser-Verlag, München, 381 f.

1. Thematische Einordnung: Das Arbeitsblatt, ein Materialblatt, will die Schüler etwa der 10. Jahrgangsstufe zum Nachdenken über die Frage „Wer bin ich?" anregen. Es kann aber auch in einer Unterrichtseinheit zu Dietrich Bonhoeffer Verwendung finden.

2. Die klare Gliederung des Textes fördert das Verständnis. Die Zeilennummerierung am Rand erleichtert Bezugnahmen auf den Text im Unterrichtsgespräch.

Quelle: Nusch, E., Eigene Bedürfnisse und christlicher Glaube. Unterrichtsentwurf, in: Gymnasialpädagogische Materialstelle der Evang.-Luth. Kirche in Bayern (Hg.), Arbeitshilfe für den evangelischen Religionsunterricht 82/I, 95–106

*Beispiel B:*

---

**Das Neue Testament**                **ARBEITSBLATT**

X   Ρ   Ι   Σ   Τ   Ο   Σ
☐   ☐   ☐   ☐   ☐   ☐   ☐

Οὕτως γὰρ ἠγάπησεν ὁ θεὸς τὸν κόσμον, ὥστε
So    nämlich liebteGott   die Welt,      dass (er)

τὸν υἱὸν τὸν   μονογενῆ   ἔδωκεν, ἵνα πᾶς ὁ πιστεύων
den Sohn, den einziggeborenen, gab,     damit jeder, der glaubt

εἰς αὐτὸν μὴ   ἀπόληται     ἀλλ' ἔχῃ ζωὴν αἰώνιον.
an ihn,    nicht verlorengehe, sondern habe Leben ewiges.
(Joh. 3,16)

---

Im Mittelpunkt des Neuen Testaments steht die _____
(Evangelium): Durch sein Leben und Sterben zeigt Jesus Christus, dass
Gott die Menschen liebt. Darum ist Jesus die frohe Botschaft, das Wort
Gottes an uns.
Erst nach dem Tode Jesu wurden die Schriften des Neuen Testaments in
griechischer Sprache verfasst:

☐      Die vier Evangelien nach:    _____, _____;
        _____ und _____, die vom Leben Jesu erzählen.
☐      Die Apostelgeschichte nach _____, die den Weg des
        Evangeliums von _____ (Apg 1 Vers 8) nach
        _____ (Apg 28 Vers 14) darstellt.
☐      Die Briefe: Paulus schrieb an die christlichen Gemeinden in Rom;
        _____, Galatien, _____, _____ und
        _____. Weitere Briefe wurden geschrieben von
        _____, _____ und _____.
☐      Die Offenbarung des _____ verkündet das kommende
        Reich Gottes.

1. Thematische Einordnung: Das Arbeitsblatt, ein Lückentext mit grafischer Anreicherung, dient in der 5./6. Klasse (Orientierungsstufe) der Vermittlung grundlegenden Wissens zum Thema „Neues Testament".

2. Es bietet unterschiedliche Möglichkeiten, u. a.:
   - Der obere Teil macht anschaulich, dass das Neue Testament auf Griechisch verfasst ist. Das „Ausfüllen" von „Christos" verstärkt die Selbsttätigkeit der Schüler und damit die Lernintensität (abgesehen davon, dass Kindern dieser Altersstufe die Berührung mit einer fremden Schrift oft Freude macht).
   - Der Lückentext gibt einen ersten bibelkundlichen Überblick. Beim Ausfüllen kann das sachgemäße Benutzen des biblischen Inhaltsverzeichnisses geübt werden.

Quelle: aus Schmidt, H., Thierfelder, J., 28 Unterrichtseinheiten für den Religionsunterricht im 5./6. Schuljahr, Stuttgart 1976, 293–302, in modifizierter Weise aufgenommen.

# Bildbetrachtung

0. Grundansatz: Viele Menschen lernen vornehmlich durch visuelle Reize (was nicht zuletzt die Werbung ausnützt). Deshalb ist der Einsatz von Bildern im Unterricht pädagogisch geboten. Dazu erleichtern Bilder das Begreifen abstrakter, auch religiöser Zusammenhänge. Nicht von ungefähr spielen Bilder in der Volksfrömmigkeit (und -pädagogik) eine große Rolle, um Transzendentes anschaulich und damit lebensrelevant darzustellen.

Der wiederholte Versuch, religiöse Bilder zu verbieten, orientiert sich an einem abstrakten, wohl nur einem kleineren Teil der Menschen zugänglichen Glaubensverständnis und ist bisher nämlich jedes Mal gescheitert. Er schärft allerdings ein, dass Bilder auch missbraucht werden können, wenn Bild und Abgebildetes verwechselt werden.

1. Bilder können als Dia, Folie für den →Overhead-Projektor, →Arbeitsblatt, Plakat o. ä. im Religionsunterricht gezeigt werden:
  - Die Dia-Projektion ermöglicht (nicht zuletzt durch die Verdunkelung) eine hohe Konzentration auf ein Bild und meist eine gute Wiedergabe (vor allem der Farben). Sie eignet sich dadurch auch für die Reproduktion von Kunstwerken. Angesichts der veränderten Medienverwendung in vielen Familien erscheint für die meisten Schüler mittlerweile das Dia-Sehen als etwas Besonderes (etwa im Gegensatz zum vertrauteren Video-Film). Allerdings ist die Dia-Projektion technisch aufwändig (Projektionsfläche, Aufstellen des Projektors, Verdunkelung).
  - Folien sind, wenn ein Overhead-Projektor in erreichbarer Nähe ist, einfacher einzusetzen. Dazu kann die Lehrerin die Klasse im Auge behalten. Der Projektor verzerrt allerdings oft die Bilder etwas und eignet sich weniger für die Projektion von Kunstwerken; eine gute Wiedergabe der Farben setzt große Lichtstärke voraus. Für die Projektion von Karikaturen ist der Overhead-Projektor aber in der Regel erste Wahl.
  - Bilder (meist in schwarz-weiß) können auch auf →Arbeitsblättern präsentiert werden. Dies ermöglicht eine weitere Arbeit mit den Bildern (z.B. Beschriftung, farbige Ausgestaltung o.ä.).
  - Plakate müssen möglichst großformatig (DIN-A2 oder 1) sein, um allen Schülern ein gleichzeitiges Sehen zu ermöglichen. Mit „Hafties" sind sie problemlos an der Tafel zu befestigen (und wieder zu

entfernen). Ihr Vorteil ist, dass sie an einer Bilderleiste o. ä. auch längerfristig in einer Klasse hängen und so den Zusammenhang einer Unterrichtseinheit visualisieren können.

– Schließlich bieten die Religionsbücher teilweise gute Reproduktionen.

2. Bilder ermöglichen Motivation, Information, Vertiefung (bzw. Veranschaulichung) und Zusammenfassung bzw. Ergebnissicherung.

Sie können – etwa als Karikatur – einen den Unterricht eröffnenden Impuls geben, als Abbildung von Realem Interessantes (z. B. aus dem Bereich anderer Religionen) in den Unterricht einbringen, oder auch in Form der Betrachtung eines künstlerisch wertvollen Bildes zum Nachsinnen über existentiell Betreffendes einladen.

3. Es kommt bei der Betrachtung vor allem künstlerischer Bilder darauf an, zur genauen, intensiven Beobachtung anzuleiten und den – den Schülern von Video-Clips und Internet-Surfen gewohnten – flüchtigen Hinblick zu verhindern. Dies wird durch eine gut strukturierte Bildbetrachtung in mehreren, klar voneinander unterschiedenen Phasen erreicht, etwa folgendermaßen:

*Erste Phase:* Ruhiges Ansehen des Bildes (diese Sehphase muss unbedingt eingeübt werden!), eventuell abgeschlossen mit dem kurzen Äußern eines ersten Eindrucks.
*Zweite Phase:* Beschreiben des Bildes (etwa zuerst der Personen, dann der Dinge, des Aufbau des Bildes, der Farben o. ä.).
*Dritte Phase:* Information durch Lehrerin über Entstehungszeit, Herkunft des Bildes und Person des Malers.
*Vierte Phase:* Deutung des Bildes (z. B. Impuls: Der Maler verfolgte mit dem Bild eine bestimmte Absicht).
*Fünfte Phase* (eventuell): Persönliche Begegnung mit dem Bild (Was bedeutet mir das Bild?).
*Sechste Phase:* Ergebnissicherung (Fixierung des Ertrags der Bildbetrachtung hinsichtlich des Lernziels).

4. Die Zahl der im Unterricht gezeigten Bilder ist möglichst zu begrenzen (bei künstlerischen Bildern höchstens drei pro Unterrichtsstunde!). Bei komplexen Bildern empfiehlt sich vor der Betrachtung des ganzen Bildes die Ansicht einzelner Teile (bei Dia-Projektion z. T. schon in Serien vorhanden; bei Folien Abdecken einzelner Teile des Bildes).

5. Jüngere Kinder sind erfahrungsgemäß oft abstrakten Bildern gegenüber aufgeschlossener als ältere. Offensichtlich bietet ihnen ihre Phantasie noch größere Möglichkeiten, mit einem Bild zu kommunizieren. Jugendliche interessieren sich dagegen eher für Karikaturen.

6. Insgesamt ermöglichen gut ausgesuchte Bilder (vor allem visuell lernenden) Schülern einen vertieften Zugang zu Inhalten des Religionsunterrichts. Im Unterrichtsverlauf stellen sie eine gute Auflockerung dar. Zudem kann die Bildbetrachtung Schüler zu eigener produktiver Gestaltung animieren (Kooperation mit Kunstlehrerin!).

Literatur:

Berg, H.K., Arbeiten mit Karikaturen, in: Adam, G., Lachmann, R. (Hg.), Methodisches Kompendium für den Religionsunterricht 1, Göttingen [4]2002, 262–268

Johannsen, F. (Hg.), Religion im Bild, Göttingen 1981, vor allem 13–31; 32–52 (ab 125 ff. finden sich viele konkrete praktische Hinweise)

Lange, G., Umgang mit Kunst, in: Adam, G., Lachmann, R. (Hg.), Methodisches Kompendium für den Religionsunterricht 1, Göttingen [4]2002, 247–261

Orth, P., Der Mensch in der Karikatur. Zehn Grundlinien ethischer Erziehung, in: Katechetische Blätter 124 (1999), 46–55

1. Thematische Einordnung: Das Bild „Der Gang nach Emmaus" von Karl Schmidt-Rottluff eignet sich – wie Erprobungen in unterschiedlichen Jahrgangsstufen ergaben – vor allem für untere Klassen. In einem „Jesus"-Kurs kann es – nach der Behandlung von Lk 24 – die Situation der Jünger nach der Kreuzigung verdeutlichen. Zudem erfasst das Bild das Ineinander von Kreuzigung und Auferstehung.

2. Die vielfältige Kontrastierung von hell und dunkel, die offensichtlichen Abweichungen von der Realität (z. B. wirft Jesus keinen Schatten; verschiedene Lichtquellen) und die Verwendung von Symbolen (z. B. schwarze Sonne; Bäume in Gewehrform) ermöglichen aufgeschlossenen Schülern, ein vertieftes Verständnis von Ostern zu gewinnen, das auch ihre eigene Existenz umfasst.

Am besten beginnt die Betrachtung – nach der einleitenden Sehphase und der kurzen Schilderung des ersten Eindrucks – mit einer genauen Wahrnehmung der Jünger und der Landschaft. Erst am Ende sollte auf die Person Jesu näher eingegangen werden.

3. Grundsätzlich eignen sich expressionistische Kunstreihen durch ihre Reduktion und Elementarisierung sowie den direkten Ausdruck von Gefühlen gut für die Hinführung dieser Altersgruppe zu existentiellen Entdeckungen bzw. Wahrnehmungen. Besonders Schülerinnen sind hierfür erfahrungsgemäß aufgeschlossen.

Quelle: Kursbuch 2000. Religion 5./6. Lehrerhandbuch, Stuttgart u. a. 1997, M 94; auch sonst vielfach in Religionsbüchern und -modellen greifbar.

1. Thematische Einordnung: Die Karikatur von Ivan Steiger eignet sich am besten für höhere Klassen. Ihre Betrachtung kann ein guter Einstieg für eine Unterrichtseinheit zur „Anthropologie" sein (etwa: Frage nach dem freien Willen; Verhältnis Mensch – Mitmensch).

2. Am besten wird die Karikatur als Folie mit dem →Overhead-Projektor projiziert. Sie ist erst nach genauem Hinsehen voll verständlich; deshalb muss dem Unterrichtsgespräch unbedingt eine eingehende Sehphase vorausgehen (vielleicht sogar eine Stillarbeit mit dem Auftrag, die persönlichen Empfindungen in Stichworten festzuhalten).

Das sich sachlich widersprechende Ineinander von Betonung der Subjektivität des Menschen (demonstrativ hoch gehaltenes Schild „Ich") und seiner völligen Abhängigkeit von anderen (Marionettenfäden) provoziert gute Gespräche, in denen die Schüler sich selbst besser wahrnehmen lernen.

Quelle: Berg, H. K., Bilder, Szenen im Religionsunterricht 8, Karikaturen für das 7.–10. Schuljahr, Stuttgart u. a. 1978

# Einzel- (bzw. Still-) und Partnerarbeit

0. Grundansatz: Angesichts der hohen Schülerzahl in vielen Klassen besteht die Gefahr, dass sich die Mehrzahl der Schüler am Unterricht im Plenum nur selten aktiv beteiligen kann. Die Einzel- bzw. Partnerarbeit bietet eine gute, einfache Form, die Mitarbeit(smöglichkeit) jedes einzelnen Schülers zu intensivieren und darüber hinaus eine gewisse Differenzierung zu erreichen. Dazu trägt diese Methode der Tatsache Rechnung, dass manche die Schüler intensiv betreffenden Themen sich einer vorschnellen Erörterung vor der Gesamtgruppe entziehen.

1. Einzel- und Partnerarbeit kann – wie die →Gruppenarbeit – arbeitsgleich oder arbeitsteilig durchgeführt werden. Im ersten Fall bearbeiten alle Schüler dieselbe Aufgabe, im zweiten verfolgen sie unterschiedliche Fragen zu einem Thema. Allerdings wird man bei arbeitsteiliger Einzel- bzw. Partnerarbeit in der Regel mehreren Schülern bzw. Paaren dieselbe Aufgabe stellen, weil sonst die unverzichtbare Auswertung im Plenum zu lange dauerte.

2. Einzel- und Partnerarbeit sind in jeder Phase des Unterrichts möglich und können die Lehrerin vom sie besonders beanspruchenden Unterricht in der Gesamtklasse entlasten.

3. Am Beginn einer Einzel- bzw. Partnerarbeit steht eine genaue (am besten schriftlich vorbereitete!) Aufgabenstellung. Sie kann den Schülern entweder mündlich oder schriftlich (als Tafelanschrift bzw. Folienprojektion bzw. auf einem →Arbeitsblatt) gegeben werden. Die schriftliche Anweisung ermöglicht auch vergesslichen oder während der Aufgabenstellung unaufmerksamen Schülern eine sinnvolle Arbeit.

Auf jeden Fall ist vorab die Zeit zu nennen, die zur Erledigung des Auftrags zur Verfügung steht.

4. Während der Einzel- bzw. Partnerarbeit hat die Lehrerin im Sinne binnendifferenzierenden Unterrichts eine gute Gelegenheit, (leise) mit einzelnen Schülern Kontakt aufzunehmen und z. B. schwächere Schüler zu unterstützen oder Leistungsfähigere zu fördern.

5. In der Regel werden die (am besten schriftlich fixierten) Arbeitsergebnisse in einem anschließenden Unterrichtsgespräch ins Plenum eingebracht

und dort besprochen. Dabei sollten möglichst viele Schüler die Gelegenheit zur Äußerung erhalten. Die schriftliche Fassung der Ergebnisse erlaubt, in der nächsten Stunde hieran anzuknüpfen.

6. Vor allem die Methode der Partnerarbeit ist eine gute Möglichkeit, die Einführung der →Gruppenarbeit vorzubereiten.

7. Einzel- bzw. Partnerarbeit ist eine konzentrierende Methode, die sich für unruhige Klassen (auch als Ersatz für dort nicht mögliche Gruppenarbeit) empfiehlt.

Literatur:

Bruderer, M., RU kreativ. Methoden, Konzeptionen, Materialien für einen erfolgreichen RU, München 1997, 71–76, 116 (Literatur)

*Beispiel A:*

*Interviews zur Kreuzigung Jesu*

1. Arbeitsgruppe

*Jerusalem, einen Tag nach der Kreuzigung Jesu, 30 n. Chr. Ein Interview.*

Reporter:
Entschuldigen Sie bitte! Darf ich Sie fragen, wie Sie die Hinrichtung Jesu von Nazaret beurteilen?

Antwort:
Für mich ist diese Hinrichtung kein besonderes Problem. Solche Hinrichtungen finden in unserem römischen Reich doch immer wieder statt. Jesus von Nazaret ist nur einer von den vielen jüdischen Rebellen, die stets von Neuem Unruhe in unsere staatliche Ordnung bringen. Solche Aufrührer muss man kurz halten. Ich kann Pilatus schon verstehen: Er hatte Angst vor einem gefährlichen Aufstand der Massen in Jerusalem.

Übrigens sagte mir heute jemand, dass die breite Öffentlichkeit mit den Maßnahmen des Pilatus gestern zum größten Teil einverstanden war. Ich finde, man sollte die ganze Angelegenheit nicht so ernst nehmen. Es gibt für Rom und den Kaiser wichtigere Dinge als die Hinrichtung eines jüdischen Wanderpredigers.

Antwort in einem Satz:

| |
|---|
| |

Gruppe:

| |
|---|
| |

*Jerusalem, einen Tag nach der Kreuzigung Jesu, 30 n. Chr. Ein Interview.*

Reporter:
Entschuldigen Sie bitte! Darf ich Sie fragen, wie Sie die Hinrichtung Jesu von Nazaret beurteilen?

Antwort:
Die Unruhen der letzten Tage waren wieder einmal ein Beweis dafür, wie notwendig es ist, die Ordnung unseres Landes gemeinsam mit unseren römischen Freunden zu schützen – und sei es mit Gewalt. Erinnern Sie sich bitte: Es ist noch gar nicht lange her, da hat dieser Jesus von Nazaret unseren heiligen Gottesdienst unterbrochen und auf dem Tempelplatz die Geldwechsler und Händler vertrieben. So etwas ist unerhört!

Und dann die Verhandlungen vor dem Hohen Rat! Sie hätten miterleben müssen, wie gotteslästerlich dieser Jesus da gesprochen hat. Nein, nein, Pilatus hat richtig gehandelt: Jesus, der Rebell aus Nazaret, hing, so wie es ihm gebührt, zwischen zwei üblen Aufständischen am Kreuz. Ein Zeichen für eine gerechte Regierungspolitik. Dieses Kreuz ist eine Warnung für all jene, die mit gefährlichen Gedanken und Plänen zerstören wollen, was wir unter großen Mühen aufgebaut haben.

Antwort in einem Satz:

|  |
|---|
|  |

Gruppe:

|  |
|---|
|  |

Die beiden Gruppen im Vergleich:

| Gemeinsamkeiten | Unterschiede |
|---|---|
|  |  |
|  |  |
|  |  |
|  |  |

## 2. Arbeitsgruppe

*Jerusalem, einen Tag nach der Kreuzigung Jesu, 30 n. Chr. Ein Interview.*

<u>Reporter:</u>
Entschuldigen Sie bitte! Darf ich Sie fragen, wie Sie die Hinrichtung Jesu von Nazaret beurteilen?

<u>Antwort:</u>
Kein Zweifel, dieser Jesus hätte unser Mann sein können. Aber leider ist er gescheitert. Er weigerte sich, Gewalt anzuwenden. Die Gewalt der Römer ist aber nur durch Gewalt zu brechen. „Gebt dem Kaiser, was dem Kaiser gehört, und gebt Gott, was Gott gehört", so hat Jesus neulich in Jerusalem gesagt. Doch das ist eben ein Irrtum. Wir halten es für unmöglich, dem römischen Kaiser Steuern zu zahlen. Wir kennen nur einen König und Herrn: Gott. Entweder Gott oder der Kaiser in Rom, beides kann man nicht haben. Durch den Tod Jesu lassen wir uns aber nicht einschüchtern. Wir machen weiter. Eines Tages werden wir die Römer schon vertreiben; und dann wird der wahre Messias in Jerusalem einziehen, die jüdischen Volksgenossen werden voll Jubel sein, und niemand wird rufen „Kreuzige ihn!".

<u>Antwort in einem Satz:</u>

<u>Gruppe:</u>

*Jerusalem, einen Tag nach der Kreuzigung Jesu, 30 n. Chr. Ein Interview.*

Reporter:
Entschuldigen Sie bitte! Darf ich Sie fragen, wie Sie die Hinrichtung Jesu von Nazaret beurteilen?

Antwort:
Das kann ich Ihnen ohne Umschweife sagen: Dieser Mann aus Nazaret ist gerecht bestraft worden. Auch wenn die Römer nicht unsere Freunde sind; in diesem Fall hat Pilatus richtig gehandelt. Denken Sie doch bitte daran, wie gotteslästerlich Jesus mit unseren heiligen Gesetzen umgegangen ist. Mehr als einmal hat er am Sabbat verbotene Arbeit verrichtet. Und der Höhepunkt aller Gotteslästerung: Er hat etwas getan, was allein Gott vorbehalten ist: Er vergab einfachen Leuten ihre Sünden.

Wissen Sie übrigens, wer zu diesen einfachen Leuten gehörte? Gauner, Ehebrecherinnen, Leute vom Lande, die kaum zum Gottesdienst in der Synagoge gehen. Keine Spur davon, dass diese Menschen die heiligen Gesetze unserer Religion Buchstaben für Buchstaben genau befolgt hätten.

Nein, mein Herr, wir warten auf einen anderen Messias, auf einen, der die Gesetze unserer Religion ernst nimmt und die Zöllner und Sünder verachtet. Jesus war ein falscher, ein höchst gefährlicher Messias.

Antwort in einem Satz:

|  |
| --- |
|  |

Gruppe:

|  |
| --- |
|  |

Die beiden Gruppen im Vergleich:

| Gemeinsamkeiten | Unterschiede |
| --- | --- |
|  |  |
|  |  |
|  |  |
|  |  |

31

1. Thematische Einordnung: Die Bearbeitung jeweils eines Materialblattes dient in der 5./6. Klasse beim Thema „Passion Jesu" dazu, die wichtigsten Konfliktpunkte Jesu mit verschiedenen zeitgenössischen Gruppierungen zu verdeutlichen. Dabei werden Grundkenntnisse über diese Gruppen (Pharisäer, Sadduzäer, Zeloten, Römer) vorausgesetzt.

2. In der Praxis erwies es sich als günstig, die Paare jeweils in zwei große Gruppen aufzuteilen (arbeitsteilige Partnerarbeit).
Folgende Aufgaben haben sich bewährt:
- Unterstreicht bei den Antworten die Stellen, die euch wichtig erscheinen.
- Fasst die Antwort möglichst in einem Satz zusammen.
- Zu welcher Gruppe könnten die Interviewten gehören?
- Sucht Gemeinsamkeiten und Unterschiede bei den verschiedenen Urteilen über Jesus heraus.

Eine Differenzierungsmöglichkeit wäre, leistungsschwächeren Schülern nur ein Interview zur Bearbeitung zu geben (bzw. -stärkeren drei oder vier).

Quelle: Etwas modifizierte Vorschläge von Katt, H.-J., Leiden und Tod Jesu, Entwürfe Religionsunterricht Hauptschule 4, hg. v. Katechetisches Amt Heilsbronn o. J.

*Beispiel B:*

Überschrift gesucht!

Zwei Texte sind durcheinander geraten. Sie haben beide dieselbe Überschrift. Versucht die beiden Texte zu trennen! Tragt sie jeweils in eine Spalte ein! Welche Überschrift könnten beide Texte haben?

Er hat die gleichen Interessen wie ich. Die 220 Knochen seines Skeletts sind 30mal stärker belastbar als Ziegelsteine. Er ist 1,70 Meter groß. Er hat immer Zeit, wenn ich ihn brauche. Er versucht mich zu verstehen, hält aber mit seiner eigenen Meinung nicht zurück. Er hat Blutgruppe 0. Mit ihm kann ich über alles diskutieren. Sein Körper besteht aus Sauerstoff, Kohlenstoff, Wasserstoff, Stickstoff, Calcium, Phosphor und anderen Mineralien. Auf ihn kann ich mich stets verlassen. Er atmet 12- bis 20mal pro Minute.

Überschrift:

| |
|---|
| |

| Text 1 | Text 2 |
|---|---|
| | |
| | |
| | |
| | |
| | |
| | |
| | |

1. Thematische Einordnung: Die Arbeit am Arbeitsblatt „Mein Freund" soll die Schüler zur Erkenntnis führen, dass ein und derselbe Sachverhalt unterschiedlich (naturwissenschaftlich, allgemein überprüfbar bzw. persönlich, subjektiv) dargestellt werden kann. Dieses Arbeitsblatt eignet sich etwa ab der 8. Jahrgangsstufe bei Themen wie „Schöpfung", „Glaube und Naturwissenschaft" dazu, die Begrenztheit rein naturwissenschaftlicher Betrachtungsweise zu vermitteln.

2. Die Differenz zwischen naturwissenschaftlichen und persönlichen Aussagen wird an einem für die Schüler evidenten Beispiel veranschaulicht. Die Methode der Einzelarbeit hilft den Lernertrag zu vertiefen. Zudem verhindert sie, dass ein besonders begabter Schüler die Lösung schnell äußert und somit den Lernprozess der anderen Jugendlichen mindert.

Quelle: Schmalfuß, L., Schritte 8, München 1977

# Entspannungsübungen (Meditation)

0. Grundansatz: Die zunehmende Ruhelosigkeit ist ein Kennzeichen unserer „modernen" Gesellschaft. Ruhe ist aber Voraussetzung, um tiefer gehende, auch religiöse Erfahrungen zu machen, sowie für die Entwicklung einer selbstsicheren Persönlichkeit.
Auch in unseren Schulen mit der Fülle zu vermittelnder Inhalte ist es wichtig, Schüler – und Lehrerinnen – immer wieder zur Ruhe kommen zu lassen.

1. Entspannungsübungen haben also im Religionsunterricht einen Eigenwert. Daneben kommt ihnen eine doppelte Funktion zu:
Zum einen sind sie eine Vorübung für den vertieften Umgang mit der Wirklichkeit, wie er in der Meditation (und im Gebet) zum Ausdruck kommt. Zum anderen helfen sie in disziplinär schwierigen Situationen (z.B. nach einer Prüfungsarbeit in der vorhergehenden Stunde) einer Klasse zur Konzentration.

2. Deshalb werden Entspannungsübungen häufig am Beginn einer Stunde stehen (nach guter Lüftung des Klassenzimmers). Sie bieten auch – etwa in Doppelstunden – die Möglichkeit, eine Zäsur deutlich zu markieren.

3. Eine Voraussetzung für das Gelingen von Entspannungsübungen ist die angemessene Sitzform der Schüler. Die Augen werden geschlossen, die Schüler nehmen eine aufrechte, aber bequeme Sitzstellung ein, bei der gutes Atmen möglich ist. Die Füße ruhen nebeneinander auf dem Boden. Die Hände werden in Ruhelage gebracht.

4. Schon ein drei- bis fünfminütiges Verharren in solch einer Ruhestellung führt gewöhnlich zu einem für die Schüler sehr angenehmen Gefühl des Entspanntseins und fördert zugleich die Konzentrationsfähigkeit. Durch einzelne (sparsame) Hinweise der Lehrerin kann die Richtung des Stille-Werdens gelenkt werden.

5. Entspannungsübungen sind in allen Jahrgangsstufen möglich. Je früher mit ihnen begonnen wird, desto leichter und intensiver können die Schüler die Entspannung und die daraus folgende Konzentrationsfähigkeit erleben (und genießen).

6. Es ist sorgfältig darauf zu achten, dass bei Entspannungsübungen keine Störungen von außen auftreten (Schild an Klassentür: Bitte nicht stören). Auf Störungen in der Klasse, wie das – bei der Einführung der Methode kaum vermeidliche – Kichern einzelner, muss die Lehrerin verständnisvoll eingehen (etwa: „Wir versuchen, alle störenden Gedanken beiseite zu legen, um ganz ruhig zu werden").

7. Bei interessierten Klassen kann nach einiger Zeit die Entspannungsübung, die fünf Minuten nicht überschreiten sollte, zur thematischen Meditation (z. B. biblischer Texte) weitergeführt werden. Hierzu ist aber unbedingt eigene Meditationserfahrung der Lehrerin erforderlich.

8. Entspannungsübungen sind eine wichtige Grundlage für jedwede Form liturgischer Bildung und bieten eine gute Basis für Schulgottesdienste o. ä.

Literatur:

Stachel, G., Hinführung zu Meditation und Gebet im Religionsunterricht, in: ders., Erfahrung interpretieren, Zürich u. a. 1982, 185–196

Faust-Siehl, G., Stille und Stilleübungen – Pädagogische Grundlagen einer Methode des Religionsunterrichts, in: Adam, G., Lachmann, R. (Hg.), Methodisches Kompendium für den Religionsunterricht 1, Göttingen [4]2002, 366–376

Grethlein, Chr., Spirituelle Bildung – Gebet – Meditation, in: Neues Handbuch religionspädagogischer Grundbegriffe, München 2002, 252–255

## Beispiel A:

### Entspannungsübung

Eine kurze Entspannungsübung kann etwa folgendermaßen eingeleitet werden:

„Ich möchte mit euch jetzt eine Entspannungsübung durchführen. Ihr werdet merken, dass das etwas sehr Schönes ist. Wir müssen uns aber für eine solche Übung etwas vorbereiten. Setzt euch ganz entspannt auf euren Stuhl. Die Füße stehen dabei fest auf dem Boden, die Hände kommen zur Ruhe ... Ich schließe die Augen ... und werde ganz ruhig. ... Nichts um mich herum stört mich. ... Ich bin ganz ruhig."

Mögliche Ergänzung bzw. Weiterführung:
„Ich spüre meinen Atem. ... Er geht ein und aus. ... Mein Atem wird langsamer. ... Mein Atem geht langsam ein und aus."

Am Ende nach einiger Zeit der völligen Ruhe:
„Ich beginne mich langsam zu bewegen, ... meine Finger, ... meine Füße ... Ich öffne die Augen. ... Wir sehen uns um."

## Beispiel B:

### Meditation

Da die Durchführung von Meditationen (im engeren Sinn) eine eigene Meditationspraxis der Lehrerin erfordert, gebe ich hierzu kein ausführliches Beispiel.

Didaktisch sind zwei Formen der Meditation zu unterscheiden: die gegenstandsbezogene und die gegenstandslose Meditation. Einen Einstieg bietet die erste Form. Hier wird ein bestimmter Gegenstand so fokussiert, dass andere Wahrnehmungen zurücktreten. Dabei hat es sich bewährt, den Gegenstand nacheinander mit verschiedenen Sinnen wahrzunehmen, etwa durch den Tastsinn mit geschlossenen Augen usw.

Auf der Grundlage solcher Wahrnehmungen kann dann auch angeboten werden, das Empfundene an Gott zu adressieren, also in ein Gebet münden zu lassen. Dies kann aber nur ein Angebot an die Schüler sein; eine Alternative hierzu, etwa das Schreiben eines Briefs an einen Freund, empfiehlt sich.

Gegenstandslose Meditationen sind erheblich schwieriger und setzen hohes Konzentrationsvermögen und auch Abstraktionsfähigkeit voraus. Deshalb erscheinen sie für den Religionsunterricht weniger geeignet.

# Erzählen (biblischer Geschichten)

Grundansatz: Christliche Religion geht wesentlich auf Erzählungen zurück, in denen Menschen ihre Erfahrungen mit Gott, den Mitmenschen und der Welt mitteilen. Sie sind in der Bibel gesammelt.

Erzählungen stellen abstrakte religiöse Begriffe (wie etwa Reich Gottes) anschaulich und lebensnah dar und sind deshalb pädagogisch gesehen unverzichtbar. Dazu entspricht die personale Prägung des Erzählens dem Grundmuster der Kommunikation christlichen Glaubens.

0. Es ist grundsätzlich zu prüfen, ob und wie sich ein Text für eine Erzählung im Unterricht eignet. Dabei sind zwei hermeneutische Transformationen unerlässlich. Denn zum einen richten sich die biblischen Texte nicht an Kinder, sondern an Erwachsene, zum anderen an antike, nicht (post)moderne Menschen. Besonders gerne hören erfahrungsgemäß jüngere Schüler bis zur 7./8. Jahrgangsstufe Erzählungen.

2. Meist steht die Erzählung eher am Anfang einer Unterrichtseinheit und eröffnet einen Lernprozess. An die Erzählung können sich die verschiedensten Methoden zur Weiterarbeit anschließen (z.B. →Rollenspiel, →Einzelarbeit, →Unterrichtsgespräch usw.).

3. Zur Vorbereitung einer Erzählung ist es in der Regel erforderlich,
–   den ursprünglichen Lebenszusammenhang der Erzählung zu rekonstruieren,
–   den Abstand und/bzw. die Nähe desselben mit dem gegenwärtigen Lebenszusammenhang der Schüler zu reflektieren,
–   daraus eine theologisch verantwortete Deutung der Erzählung zu erstellen.

4. Vor Beginn einer Erzählung ist es notwendig zu überprüfen, welche Vorkenntnisse die Zuhörer(innen) zum Verständnis benötigen. Kurze Sachinformationen (etwa die Erklärung eines Begriffs oder einer geografischen Besonderheit) sollten vor der eigentlichen Erzählung gegeben werden, um die Spannung nicht zu zerstören.

Um die Schüler in die damalige Lebenssituation einzuführen, kann es notwendig sein, eine eigene Umwelterzählung (s. Beispiel A) zu konstruieren, also eine fiktive Erzählung unter damaligen historischen Umständen, die die für das Verständnis der Bibel wichtigen Sachverhalte klar und plastisch hervortreten lässt. Es kann sich auch empfehlen, eine eigene Rahmengeschichte (s. Beispiel B) zu erfinden, die eine biblische Geschichte tieferem Verstehen erschließt. Hierbei sind (meist) form- und traditionsgeschichtliche Erkenntnisse anregend und klärend.

5. Umstritten ist, in welchem Umfang solche freien Erzählungen Produkte der Phantasie der Lehrerin sein dürfen. Auf jeden Fall sind die Schüler über den – auch historischen – Wahrheitsgehalt solcher Erzählungen zu informieren.

6. Um schon bekannte biblische Geschichten den Schülern von neuem nahe zu bringen, bietet sich deren Verfremdung an. Hierzu kann der Wechsel des Blickwinkels, aus dem erzählt wird, hilfreich sein (z.B. Erzählung einer Heilung aus dem Blickwinkel eines Kindes des Geheilten, s. Beispiel C; dabei besteht auch die Möglichkeit zu geschlechtsspezifischer Akzentuierung).

7. Eine Erzählung, die nicht kürzer als sieben und kaum länger als fünfzehn Minuten sein sollte, wird am besten frei vorgetragen. Dabei ist auf Gestik, Mimik und allgemeinen Habitus (Zuwendung zur Klasse) zu achten.

8. Zum Aufbau: Zumindest der für die Motivation wichtige Anfang und der für das Gesamtverständnis unerlässliche prägnante Schluss einer Erzählung sollten schriftlich vorbereitet werden. Auch die dramatische Struktur (Höhepunkte, retardierende Momente usw.) und die Charakteristika wichtiger Personen bzw. Sachen sind wenigstens in Stichpunkten festzuhalten. Folgendes (vielfach in Kriminalromanen begegnendes, Erkenntnisse der Lernpsychologie rezipierendes) Aufbauschema hat sich bewährt:

*Erste Phase:* Einführen in die Situation (räumlich, zeitlich), in der die Erzählung spielt.
*Zweite Phase:* Vorstellen des „Helden" und des Problems.
*Dritte Phase:* Zuspitzen des Konflikts.
*Vierte Phase:* Retardieren der Handlung durch fehlgeschlagene Lösung oder Blick auf Nebenschauplatz o. ä. und damit Steigerung der Spannung.
*Fünfte Phase:* Lösung des Problems.

9. Jede Erzählung lebt von plastischer Sprache und Ausschmückungen. Handlung steigert die Spannung; sie wird am besten durch Verwendung von Verben ausgedrückt. Indirekte Rede ist zu vermeiden; wörtliche Rede kurz

zu halten. Auch der (sparsame!) Gebrauch von Attributen ist genau zu überlegen. Sie sollen zum einen dem Zuhörer/der Zuhörerin die Erzählung plastisch machen, zugleich aber der Phantasie Raum lassen.

Dazu gilt es, in der Erzählung möglichst alle Sinne zu berücksichtigen, also Hinweise zu Wind, Geruch, Geschmack, Lauten, landschaftlicher Umgebung u. ä. zu geben.

Das sachlich Wichtige ist (nach Möglichkeit) ausführlicher und anschaulicher als Nebensächliches darzustellen (gegen das Übergewicht ausschmückender Beigaben!). Zentrale Wortwechsel oder Worte können auch direkt aus der Bibel vorgelesen werden.

Der Vertiefung des Erzählten kann – etwa in der vierten Erzählphase – eine kurze Unterbrechung mit Unterrichtsgespräch (z. B. über ein anstehendes Problem der Hauptfigur: wie würdet ihr handeln?) dienen.

10. Es empfiehlt sich, im weiteren Unterricht das Erzählte auch im biblischen Original nachlesen zu lassen. Sonst droht die Gefahr, dass die Schüler das Erzählte für „Märchen" halten und so die Bedeutung biblischer Texte verfehlen.

11. Die Erzählung ist als konzentrierende Methode auch in großen und disziplinär schwierigen Klassen möglich. Allerdings ist darauf zu achten, dass die Klasse zu Beginn ruhig und aufnahmebereit ist (nie in allgemeine Unruhe hinein erzählen!).

12. Es sei nur angemerkt, dass sich diese Überlegungen auch auf das Erzählen nichtbiblischer Geschichten übertragen lassen. Allerdings ist angesichts der Attraktivität dieser Methode zu überlegen, ob sie nicht weithin im Religionsunterricht für dessen wichtigsten Inhalt, nämlich die biblischen Texte, reserviert werden sollte.

Literatur:
Adam, G., Erzählen, in: ders., Lachmann, R. (Hg.), Methodisches Kompendium für den Religionsunterricht, Göttingen [4]2002, 137–162
Bruderer, M., RU kreativ. Methoden, Konzeptionen, Materialien für einen erfolgreichen RU, München 1997, 31–38, 112–119 (Literatur)
Comenius-Institut Münster (Hg.), Im Blickpunkt: Erzählen (bearbeitet von G. Adam, N. Mette), Münster 1996 (ausführliche Bibliografie, Abdruck wichtiger kleinerer Aufsätze, Beispiele)
Neidhart, W., Eggenberger, H. (Hg.), Erzählbuch zur Bibel, Zürich u. a. 1975 u. ö. (grundlegendes Standardwerk mit zahlreichen Beispielen; mittlerweile 3 Bände: [6]1980, [2]1993, 1987)

*Beispiel A:*

Jahwe – der altmodische Gott?

Unsere Geschichte spielt zu einer Zeit, in der Israel noch aus einzelnen Stämmen bestand, die recht locker miteinander verbunden waren. Es gab nur ein Amt, das sie alle kannten und das war das Amt des Richters. Was ist denn eigentlich ein Richter? ... (*Schüleräußerungen*) Ein Richter in Israel hatte nicht nur Recht zu sprechen, wie ein Richter bei uns heute. Männer, die Recht sprachen, gab es in fast jeder Stadt. Der Richter war über diese Männer eine Art Oberaufsicht. Jeder Israelit, der sich ungerecht behandelt fühlte, durfte sich bei ihm beschweren. Weiterhin hatte der Richter auch den Zusammenhalt der einzelnen Stämme zu verwalten. Er war also der höchste Verwaltungsbeamte im ganzen Israel. Auch auf militärischem Gebiet stand er bei Bedrohung von außen dem israelitischen Heer vor. Könnt ihr euch etwa vorstellen, was nun solch ein Richter zu tun hatte? ... (*Schüleräußerungen*) In der Zeit, in der solche Richter über Israel regierten, also vor etwa 3100 Jahren, könnte sich folgendes zugetragen haben:

Die Sonne ging gerade über dem Dörfchen am Rande der Wüste Juda unter. Wie alle Tage saßen die Älteren vor ihren armseligen Hütten und schwatzten. Und wie alle Tage wusste die Jugend nichts mit sich anzufangen. Ach, wie langweilig war es doch hier. Nicht einmal eine Gastwirtschaft gab es, rein gar nichts. Thomas, ein junger, etwas langsamer Bauer, tappte von der Feldarbeit nach Hause. „Es wird wohl wieder daheim die üblichen Bohnen geben. Und die Frau wird wieder vom Klatsch mit der Nachbarin erzählen. Alles Dinge, die so langweilig sind. Warum in aller Welt muss hier alles so miefig und spießig sein", so dachte Thomas vor sich hin. Dabei hörte man ab und zu von Durchreisenden kaum glaubhafte Geschichten über die nächste kanaanäische Stadt. „Dort zu leben muss herrlich sein!" seufzte Thomas.

Doch er hatte sich getäuscht. Als er in seine Hütte eintrat, roch er gleich: „Nein, keine Bohnen! Fleisch, ja ganz deutlich fetter Hammelbraten!" Was fiel denn seiner Frau ein. So eine Verschwendung. Werktags Fleisch. Thomas wollte schon schimpfen, da rannte die kleine Sarah, seine jüngste Tochter, auf ihn zu: „Papa, Papa! Besuch!"

„Grüß dich, Thomas. Schon lange nicht mehr gesehen. Hoffentlich geht es dir gut", rief ihm da sein Freund Andreas zu. Andreas sah ganz anders aus als Thomas. Seine Gesichtszüge waren feiner, die Locken seines Haares waren modisch geschnitten, der Bart sauber gestutzt. Seine schmalen, gepflegten Hände, von mehreren Ringen geschmückt, wurden von den rissigen, abgearbeiteten Bauernhänden des Thomas völlig umschlossen. „Ja, das ist eine Überraschung! Du kommst erst gerade von deiner Reise zurück?" Andreas der Schöne nickte überlegen: „Gewiss, lieber Freund! Ich war jetzt sieben Monate geschäftlich bei den Kanaanäern. Das sind zivilisierte Menschen. Die benehmen sich fein und haben Lebensart!" Thomas blickte den Andreas fasziniert an. Sicher, Andreas wollte schon immer moderner sein als die anderen; aber jetzt sah er so fein aus und roch so gut. „Darf ich Platz nehmen? Ich bin etwas müde von der Reise." Der Bauer Thomas hatte vor lauter Staunen vergessen, seinem Freund einen Platz anzubieten. „Ja, ja. Gewiss. Mach's dir gemütlich. Und erzähl doch ein bisschen." Die Sprache von Thomas klang richtig unbeholfen und altmodisch gegenüber den gewählten Formulierungen des Andreas.

„Ach, Thomas. Was soll ich dir erzählen. Du wirst es mir doch nicht glauben. So aufregend, interessant und bildend war es bei den Kanaanäern. Zudem bin ich schon müde. Aber weil du mein Freund und Gastgeber bist, will ich dir heute Abend etwas vom Königszug in Jerusalem erzählen. So heißt nämlich die Stadt, in der ich war." Inzwischen waren aus den anderen Zimmern eine Menge kleiner Kinder gekommen und hatten sich in gebührendem Abstand zu beiden gesellt. Endlich einmal ein Bericht aus der großen Welt:

„Gleich nachdem ich in Jerusalem ankam", begann der schöne Andreas, „lud mich ein Geschäftsfreund ein, doch beim diesjährigen Königsumzug zuzuschauen. Ich durfte neben ihm auf einem Tribünenplatz sitzen." „Was erzählst du immer von einem ‚König' oder so ähnlich?" unterbrach Thomas neugierig. „Was ist denn das, ein König?" „Man sieht, ihr lebt hier wirklich hinter dem Mond!" wies ihn der schöne Andreas etwas hochfahrend zurecht. „Ganz einfach. Ein König ist der jeweilige Herrscher über eine Stadt und das zu ihr gehörige Land." „Ist solch ein König das, was bei uns Israeliten der Richter ist?" wollte nun Thomas wissen. Die kleinen Kinder fingen schon zu maulen an. Papa sollte den Gast endlich erzählen lassen. „Nein, nein. Ein König und ein israelitischer Richter sind etwas ganz Verschiedenes. Eure Richter werden ja nur für Lebenszeit eingesetzt. Ihre Söhne sind nicht ihre Nachfolger. Zudem reisen sie durchs Land und haben meist keine Hauptstadt und schon gar keinen Beamtenstab oder ein festes Heer. Auch sind die Richter viel weniger prächtig und reich als Könige. Das Königtum in Kanaan ist viel moderner als das Richteramt in Israel. Alle anderen Völker haben schon Könige. Nur die Israeliten sind die letzten."

Gespannt schauten alle auf Andreas. Dem tat die aufmerksame Stille gut. Genüsslich nahm er einen tiefen Schluck aus seinem Becher und fuhr erst dann fort: „Die Leute müssen solch einem König gehorchen. Ja, da herrscht

Disziplin. So einen Schlendrian wie in Israel gibt es da nicht. Dieses dauernde Warten auf die Hilfe Jahwes bringt uns nicht voran. Dort kann auch nicht jeder zum König. Da herrschen Zucht und Ordnung. Bei uns kann ja jeder Bauer zum Richter gehen und ihm sein Leid klagen."

Thomas errötete hierbei. Vor einigen Wochen erst hatte er selbst den Richter angerufen. Der Hund seines Nachbarn hatte eines seiner Schafe verletzt und der wollte keinen Ersatz zahlen. Vom Dorfältesten war seiner Meinung nach eine zu niedrige Entschädigung festgesetzt worden und so hatte er sich – leider ohne Erfolg – an den gerade durchziehenden Richter gewandt. Das stand ihm als israelitischen Mann zu. „Mmh", brummte er deshalb. „Komische Sitten."

Andreas dagegen: „Das Königtum ist eben etwas für Höherstehende. Es hieß bei dem Umzug, ein weiser, alter Priester sagte es: ‚Unser Königtum kam zu Beginn der Welt vom Himmel herab.' Ja, ja, er sagte: ‚Der König ist wie ein Gott'." „Was", staunte Thomas, „der König ein Gott? Das Königtum soll vom Himmel herabgekommen sein? Gott, Jahwe allein ist doch der Herrscher. Glauben diese Leute nicht an das Handeln Gottes mit unserem Volk? Jahwe hat uns doch – so erzählen es die Alten – aus Ägypten geführt. Er zog doch immer mit unserem Volk. Da gab es nie einen König oder so etwas." „Auch das ist wieder sehr altmodisch, was du sagst, lieber Thomas", belehrte ihn der schöne Andreas. Elegant mit seinen Ringen spielend setzte er hinzu: „Der Gott der Kanaanäer hat mit der Geschichte eines Volkes wenig zu tun. Diese Götter, und die Kanaanäer haben entsprechend ihrer Fortschrittlichkeit viele Götter, sind nicht so primitiv wie der Jahwe unseres Volkes. Sie haben es nicht nötig durch Wüsten, und was weiß ich nicht, zu ziehen. Nein, sie sind keine Götter der Geschichte. Sie sorgen für Fruchtbarkeit und blühende Felder. Der mächtigste von ihnen, Baal, macht die Erde fruchtbar und lässt es regnen. Solch einen Gott brauchen wir, seitdem wir nicht mehr wie die Irren durch die Gegend ziehen, sondern uns auch feste Häuser und Dörfer bauen. Baal lässt das Getreide wachsen. Nicht der alte Jahwe. Vielleicht war der früher mal ganz brauchbar, doch jetzt ist er altmodisch. Wir brauchen keinen Gott mehr, der uns aus Ägypten führt. Wir brauchen einen Gott, der etwas wachsen lässt, also Baal!"

Andreas hatte sich hinreißen lassen. Sein Gesicht wurde immer röter, seine Stimme immer lauter. Er hatte gar nicht bemerkt, wie die Mienen der Familie von Thomas immer feindseliger wurden. Thomas platzte als erster los: „Du Lästerer! Du gottverdammter Lästerer! Du verspottest unseren Gott Jahwe. Den Gott, der Israel immer geholfen hat. Hinaus mit dir. Für Leute, die Jahwe nicht als ihren einzigen Herrn anerkennen, ist hier kein Platz. Wir sind vielleicht dumme Bauern für dich. Aber über Jahwe lass ich nichts kommen. Hinaus!" Die Ader auf der Stirn des Thomas war angeschwollen. Nur mühsam konnte er sich zurückhalten, Andreas mit beiden Händen zu packen. Etwas bleich, doch mit einem spöttischen Lächeln sagte der beim Hinausgehen: „Ihr altmodischen Bauern. Ihr werdet schon sehen. Auch Israel wird bald einen König haben und Baal wird Israels neuer Gott werden."

Als Andreas draußen war, kamen dem Bauern Thomas auf einmal Bedenken. Vielleicht hatte der feine Andreas tatsächlich Recht. Vielleicht war Jahwe tatsächlich als Gott, der Israel in seiner Geschichte begleitet hatte, altmodisch. Doch dann schob er diese Zweifel beiseite. Schade um den schönen Abend. „Kommt her, Kinder und Frau. Jetzt essen wir den Hammel allein, zu Ehren von Jahwe, unserem einzigen Gott!" rief Thomas.

Thomas und Andreas sollten beide zugleich recht und unrecht haben. Israel bekam nämlich Könige, aber von Jahwe. Jahwe blieb der Gott Israels.

1. Thematische Einordnung: Die Umwelterzählung „Jahwe – der altmodische Gott?" soll den Schülern einen Einblick in die späte Richterzeit und damit auch in wichtige Gründe, die zur Einrichtung des israelitischen Königtums führten, geben. Die Erzählung hat so ihren Platz bei der Behandlung der Richter- bzw. frühen Königszeit Israels in der 5./6. Klasse.

2. Zum Verständnis dieser Umwelterzählung, die die Differenz zwischen israelitischem Richter- und kanaanäischem Königtum darstellt, sind Kenntnisse zum israelitischen Richteramt notwendig. Um einen längeren lehrhaften Exkurs hierüber in der Erzählung zu vermeiden, werden die entsprechenden Informationen vor die eigentliche Erzählung geschaltet. Inhaltlich wird versucht, die Verbindung von sozialen und politischen Gegebenheiten auf der einen Seite und religiösen Auffassungen auf der anderen darzustellen. Um dies zu verlebendigen, werden die beiden konträren Positionen anschaulich personifiziert und die einzelnen Argumente in direkter Rede (z. T. noch durch Wiederholungen bzw. Nachfragen vom Kontrahenten unterstrichen) vorgetragen. Der Höhepunkt des Spannungsbogens liegt bei der lautstarken Auseinandersetzung am Ende der Erzählung.

Die Länge der Umwelterzählung lässt sich dadurch rechtfertigen, dass sich am Beispiel israelitisches Richteramt contra kanaanäisches Königtum zentrale Positionen für das Verhältnis zwischen religiösem Glauben und politischer Ordnung herausarbeiten lassen und deshalb die Wichtigkeit dieses Konflikts die damalige historische Situation weit übersteigt.

*Beispiel B:*

### Aufregung in Nazaret

Im Dorf sprach sich die Neuigkeit rasch herum. Auch die drei Zimmerleute, die mit Äxten und Schälmessern die Baumstämme bearbeiteten, hatten kein anderes Thema. „Hast du es auch schon gehört – er kommt wirklich!" – „Was, hier nach Nazaret?" – „Ganz bestimmt." – „Da bin ich aber gespannt auf ihn." – Noch drei, vier Axthiebe, dann stützt sich der Sprecher auf die Axt: „Er soll ja den Blinden tatsächlich geheilt haben. – Wenn ich mir das vorstelle – blind sein, immer im Dunkeln leben, immer in der Finsternis; und dann: plötzlich sehen können! Die Menschen, wie sie aussehen, die Blumen, die Bäume, das Dorf ...!" Der andere setzt das Schälmesser ab: „Und ich hab von einem Taubstummen gehört – der war immer herausgerissen, weil er nicht hört, vieles nicht mitkriegte; und misstrauisch war der. Immer meinte er, die Leute würden hinter seinem Rücken reden. – Aber jetzt, seit Jesus ihn geheilt hat, ist er ein glücklicher Mensch. Die Leute sprechen mit ihm, er hat Kontakt mit allen."

Der dritte Mann hatte unterdessen an seinem Baumstamm weitergearbeitet. „Du sagst ja gar nichts, Jakobus? Freust du dich denn nicht, wenn er kommt? Jesus ist doch – dein Bruder!" Jetzt lässt Jakobus sein Messer sinken. „Ich bin doch bloß der jüngere Bruder. Außerdem hab ich ihn lange nicht gesehen."

„Aber gehört haste doch von ihm. Wie er neulich in Kapernaum den Maurer mit der gelähmten Hand geheilt hat. Mensch, der kann wieder arbeiten, seine Frau, seine Kinder müssen nicht mehr betteln gehen!" – Jakobus sagt nichts. – „Hätte nie gedacht, dass dein Bruder, der Jesus, so berühmt wird. Sag mal, seid ihr nicht ein bisschen stolz auf ihn?" – Jakobus schweigt immer noch. – „Verrat doch mal, was sagen deine Mutter und deine Brüder dazu?" – Jakobus greift wieder zum Schälmesser und arbeitet weiter. Er brummt irgendwas vor sich hin. Die anderen beiden Zimmerleute blicken sich vielsagend an, der eine zieht die Schultern hoch und dann arbeiten sie weiter. –

War das ein Gedränge vor der Synagoge! An diesem Sabbat war der Versammlungsraum gestopft voll. Außerdem waren Kranke herbeigeschleppt worden; dann dazwischen Leute, die draußen bleiben mussten, die sich auf die Zehen stellten, um etwas zu sehen. – Da kommen die ersten heraus, drängen sich zwischen den Kranken hindurch. Einige machen ärgerliche Gesichter, einer schüttelt den Kopf. Anderen sieht man die Enttäuschung an.

„Was ist los, was hat er gesagt?" Der mit den langen Locken bleibt stehen – gibt Auskunft: „Unerhört – und das hier bei uns!" – „Was ist denn so unerhört?" – „Das will ich dir genau erzählen" – umständlich streicht er die langen Locken zurück, und dann sagt er: „Erst lässt sich Jesus die Buchrolle reichen. Dann liest er vor, aus dem Propheten Jesaja: Blinde sehen, Taubstumme hören, Lahme gehen. Armen wird die Botschaft vom Gottesreich verkündet ..." – „Na und?" fährt einer recht unhöflich dazwischen, „im Gottesdienst vorlesen, das darf ja wohl jeder Erwachsene in Israel – oder? – Willst du denn das Jesus verbieten?" – „Nein doch; hör erst mal zu, das Schlimme kommt ja erst! Nachdem Jesus vorgelesen hat, setzt er sich wie einer, der dieses Prophetenwort erklären will. Und dann sagt er bloß: dieses Prophetenwort ist vor euren Augen und Ohren wahr geworden. Der Prophet erzählt von der Gottesherrschaft – jetzt ist sie da. Jetzt hat sie angefangen!" – „Das hat Jesus gesagt?" „Jawohl!" – „Pst! – da kommt er!"

Widerwillig macht man Platz. Alle schauen Jesus an. Aber die Blicke sind verschieden. Einige denken darüber nach: die Gottesherrschaft hat angefangen – bei uns? – Jesus kümmert sich um die Blicke kaum; er bleibt stehen, sieht auf die Kranken. Er möchte auf sie zugehen, er zögert. Einen nach dem anderen schaut er an. Warten sie auf ihn?

Unheimlich still ist es geworden. Wird Jesus jetzt ...? Da geht er auf den ersten auf der Bahre zu. Er streicht mit der Hand über seinen Kopf, spricht ein paar Worte mit ihm, zieht das Kissen zurecht, wie ein richtiger Krankenpfleger. Dann geht er zu dem nächsten, unterhält sich, tröstet ihn. Keiner von den Kranken wird plötzlich gesund.

Die Leute stehen wie eine Mauer. Ganz vorne: Jakobus, neben ihm die anderen Brüder Jesu, ein paar Verwandte. Die begrüßen ihn nur knapp. Dann geht es los – sie unterdrücken nur mühsam ihre Vorwürfe: „Jesus, du hast gesagt: die Gottesherrschaft hat angefangen, weil Blinde sehen, Lahme gehen. Aber du nimmst den Mund zu voll! Und wenn schon einer gesund geworden ist – eine Schwalbe macht noch keinen Sommer und ein Blinder, der sieht, noch lange nicht den Anfang des Gottesreichs! *Einer* – was ist das schon! Viele sind krank, bleiben krank. Es stimmt nicht, was du sagst!"

Jesus hört zu. Dann wendet er sich ganz seinen Brüdern und Verwandten zu: „Ich sage euch, die Gottesherrschaft hat dort angefangen, wo *ein* Blinder aus der Finsternis geholt ist, wo *ein* Taubstummer wieder hört und ganz in die Gemeinschaft aufgenommen ist. Ihr schaut immer auf die viele Not, die vielen Kranken – ihr seht den Anfang nicht. Denkt mal an einen Sämann – wie macht es der? Er geht über seinen Acker, er sät. Er weiß, dort sind Dornen, Disteln – die werden mit dem Samen wachsen, ihn ersticken. Er sät trotzdem.

Er weiß: dort unter dem Ackerboden sind Felsen. Die Saat wird rasch aufgehen, die Sonne wird die Saat verbrennen; er sät weiter, denn dazwischen ist guter Boden. Einige Körner gehen auf.

Dann der Weg: der Sämann weiß – die Körner auf dem Weg holen die Spatzen. Aber gleich daneben ist guter Boden – da wird die Saat Frucht bringen. Und was er von dem Samen erhofft, das passiert – einst wird dieser Acker dreißig-, sechzig-, hundertfache Frucht bringen."

1. Thematische Einordnung: Die Rahmenerzählung „Aufregung in Nazaret" dient in einem Jesus-Kurs (5./6. Klasse) dazu, den Schülern den konkreten Sitz im Leben der Gleichniserzählung vom Sämann (Mk 4,3–9) deutlich zu machen.

2. Sie nimmt Teile von Mk 6,1–6 und Lk 4,17f. auf, blendet allerdings einen Akzent ab: Jesus kann in Nazaret keine Machttaten wirken. Ins Licht werden die Ablehnung und die Gründe für den Unglauben der Verwandten Jesu gerückt. Sie ärgern sich über die Predigt Jesu.

Quelle: Katechetisches Amt Heilbronn (Hg.), Didaktischer Kommentar 5/6 für den evangelischen Religionsunterricht, Frankfurt u. a. 1981 (unter Aufnahme einer Anregung von Neidhart, W., Eggenberger, H. (Hg.), Erzählbuch zur Bibel, Zürich u. a. 1975), 143f.

*Beispiel C:*

Jesus ist für uns (= uns zugute) gestorben
(Bausteine für eine erzählerische Darbietung)

Die Kunde vom Tod Jesu breitet sich schnell aus. Auch in Jericho sprechen die Leute darüber. Einer von ihnen ist Zachäus, der Zöllner. Er steht mit drei Männern zusammen. Die drei kannten Jesus gut. Sie gehörten wohl nicht zu seinen Jüngern, aber sie hatten sich vieles von dem, was Jesus gesagt und getan hatte, nicht nur gut gemerkt, sie erzählten es auch ihren Nachbarn und Bekannten weiter. Die Namen der drei: Jakob, Simon und Jojakim.

*Jakob:* Entsetzlich, was da in Jerusalem geschehen ist. Der Mann, von dem wir uns so Großes erhofften, ist tot.

*Zachäus:* Ich verstehe dich, Jakob, ich bin auch sehr traurig. Doch das mit dem Tod von Jesus sehe ich etwas anders als ihr drei ... ihr werdet mich jetzt vielleicht nicht verstehen, wenn ich ... ach, ich weiß nicht, ob ich es euch sagen soll ...

*Simon:* Zachäus, rede nur weiter, wir werden dich schon verstehen, mit uns kannst du doch reden!

*Zachäus:* Nun gut, ich will es euch sagen, kann sein, dass ihr euch entrüstet: Seit ich weiß, dass Jesus am Kreuz gestorben ist, fühle ich mich fast ein bisschen erleichtert...

*Jojakim:* Zachäus, wie kannst du so etwas sagen?! Sein Tod liegt wie eine schwere Last auf uns ... und dann redest du davon, dass dir ein bisschen leichter ums Herz ist?

*Zachäus:* Könnt ihr euch wirklich gar nicht vorstellen, warum mir jetzt nach seinem Tod ein wenig leichter ums Herz ist?

*– Hier könnten die Schüler selber vermuten, warum es dem Zachäus so ergeht. –*

*Jakob und Simon* (wie aus einem Munde): Zachäus, wir verstehen nichts von dem, was du da sagst!

Zachäus ist erregt, seine Stimme zittert; seine Augen schauen in die Ferne, als sehe er dort etwas: „Zachäus, steig schnell herunter vom Baum, denn noch heute muss ich in deinem Haus einkehren." Gleich zweimal wiederholt Zachäus diesen Satz.

*Jojakim:* Ach, du willst uns wieder deine alte Geschichte erzählen … Was hat das denn jetzt mit dem Tod von Jesus zu tun?

*Zachäus:* Das will ich euch sagen! Seit Jesus damals in mein Haus eingekehrt ist, habe ich mich immer wieder gefragt: Meint Jesus das wirklich so, wie er es sagt? Kann ich mich auf sein Wort verlassen? „Zachäus, heute ist deinem Haus Heil widerfahren, Gott hat dich angenommen, er hat dir vergeben." Versteht ihr nicht, ich habe mich immer wieder gefragt, ob Jesus auch wirklich zu diesen Worten steht, ja, ich habe Angst gehabt, ob Jesus, bevor sie ihn verurteilen, vielleicht doch noch widerrufen würde …

*Jakob:* Widerrufen, das verstehe ich nicht! Das musst du uns schon genauer sagen.

*Zachäus:* Versteht ihr wirklich nicht? Wenn Jesus vor einigen Tagen vor dem Hohen Rat gesagt hätte: Ihr wisst, dass ich gesagt habe: Ich bin gekommen im Auftrag Gottes, um die Menschen zu suchen und zu retten, die verachtet und verloren sind …, aber jetzt, Hoher Rat, widerrufe ich alles, was ich gesagt habe, ich stehe nicht mehr dazu …

– *Schüler überlegen, was ein solches Widerrufen für das weitere Leben des Zachäus bedeutet hätte; z. B. wäre er dann wirklich ganz einsam: nicht nur seine Zöllnerkollegen, auch die Freunde Jesu würden sich von ihm zurückziehen...*

*Zachäus:* Bedenkt doch, wie schlimm das *für mich* gewesen wäre … ich müsste dann erkennen, dass Gott mich gar nicht angenommen hat … die Freude darüber, dass Jesus in mein Haus einkehrt, umsonst, wie weggeblasen wäre diese Freude ... aber nun hat Jesus nicht widerrufen, er hat nichts von dem zurückgenommen, was er mir gesagt hat, er hat dem Hohen Rat nicht gesagt: Ich habe mich getäuscht, Gott liebt den Zachäus, Gott liebt die Zöllner gar nicht ... nein, Jesus hat das nicht gesagt, er hat nichts von dem zurückgenommen, was er mir gesagt hat, er ist dafür gestorben, er ist *für mich gestorben.*

Die drei schweigen eine Weile. Darüber hatten sie wirklich noch nicht nachgedacht: Was wäre gewesen, wenn Jesus widerrufen hätte …

*Simon:* Du hast recht, Zachäus. Es wäre auch *für uns* schlimm gewesen, wenn Jesus zwar als freier Mann nach Galiläa zurückgekehrt wäre, aber nie mehr seine Botschaft vertreten hätte.

*Jojakim:* Jetzt verstehe ich dich, Zachäus: Jesus ist für uns gestorben, was er uns gesagt und getan hat, er ist *für uns* gestorben.

Alle vier schweigen eine Weile. Er hat nicht widerrufen, murmelt Jakob einige Male vor sich hin ... aber, was hilft das alles, fährt er dann fast ein wenig erzürnt weiter, was hilft es uns, jetzt ist er tot ...

Die vier reden noch eine Weile miteinander ... dann verabschieden sie sich und gehen zu ihren Familien heim ...

1. Thematische Einordnung: Die Erzählung „Jesus ist für uns gestorben" dient dazu, den Schülern die Heilsbedeutung des Todes Jesu von der damaligen konkreten historischen Situation her verständlich zu machen. Die Erzählung bietet sich in der 5./6. Klasse für die Behandlung der Passions- und Ostergeschichten an.

2. Durch die zweimalige Unterbrechung während der Erzählung (und das dadurch geförderte Mitdenken der Schüler) kann es zu einer Identifikation mit Zachäus und so zu einer persönlichen Annahme des „Jesus ist für uns gestorben" kommen. Diese Erzählung ist ein sehr gutes Beispiel dafür, dass auch schwierige dogmatische Aussagen durch Erzählung jüngeren Schülern verständlich gemacht werden können.

Quelle: Die Erzählskizze entstammt (etwas gekürzt und modifiziert): Katechetisches Amt Heilsbronn (Hg.), Didaktischer Kommentar 5/6 für den evangelischen Religionsunterricht, Frankfurt u. a. 1981, 212f.

# Film(sehen)

0. Grundansatz: Für den Religionsunterricht ist die Verbindung zur außerschulischen Welt wichtig. Filme ermöglichen nicht nur ein anschauliches, mehrdimensionales Einholen der „Welt" in den Unterricht; sie sind auch ein wichtiger Bestandteil heutiger Kultur. So gehören Filme konstitutiv zum Religionsunterricht (und sind nicht nur eine „Belohnung").

1. Grundsätzlich unterscheiden sich die methodischen Möglichkeiten der Filmbetrachtung je nach eingesetzter Technik. So eignen sich Videofilme wegen der (meist) recht kleinen Projektionsfläche (des Fernsehers) eher für kleinere Klassen (bis etwa 20 Schüler). Für größere Gruppen empfiehlt sich der Einsatz eines Beamers. Dazu erlauben DVDs schnelle und präzise Übergänge zwischen einzelnen Filmteilen: das bei Video-Filmen oft aufwändige Zusammenstellen einzelner Filmsequenzen entfällt.

2. Filme können entweder zur Motivation, zur Vertiefung oder zur Zusammenfassung von Erarbeitetem eingesetzt werden.

Auf Grund der Komplexität des Mediums ist besonders auf eine sachgerechte Verbindung zu den Lernzielen der Unterrichtseinheit zu achten. Vor allem informationsdichte Filme lassen sich schwer in den Unterricht einfügen (am ehesten als Zusammenfassung von bereits Gelerntem).

3. Filme müssen (um böse Überraschungen zu vermeiden!) auf jeden Fall von der Lehrerin vor dem Einsatz im Unterricht angesehen werden! Das Lesen von Inhaltsangaben, Filmkritiken o. ä. genügt nicht. Es ist auch auf die Genehmigung für den Schulunterricht zu achten.

4. Wichtig ist, dass außerhalb des Anschens eines Films genügend Zeit zur eventuellen Vor- und Nachbesprechung bleibt. Deshalb sind in der Regel Filme bzw. Filmausschnitte in der Länge von etwa 15 bis höchstens 20 Minuten am geeignetsten.

Als Impulse eignen sich sehr knappe Filme von nur wenigen Minuten Dauer besonders gut (häufig Zeichentrickfilme). Im biblischen Unterricht bieten einzelne Sequenzen aus der sog. Kirch-Bibel gute Veranschaulichungen (Zusammenstellung der Filme bei Grethlein, Chr., Fachdidaktik Religion, Göttingen, 2005, 303).

5. Grundsätzlich ist zu klären, ob der Film einer vorbereitenden Einleitung durch die Lehrerin bedarf (z. B. bei unzeitgemäßer Kleidung der Schauspieler[innen], hoher Komplexität o. ä.). Um den Spannungsbogen zum angekündigten Film aufrecht zu erhalten, sollte sie knapp sein (nicht mehr als höchstens fünf Minuten). Vor allem bei Informationsfilmen ist die Verwendung eines →Arbeitsblattes mit bestimmten, im Anschluss an den Film (eventuell arbeitsteilig) zu bearbeitenden Fragen zu erwägen, um das spätere Unterrichtsgespräch vorzustrukturieren und möglichst viele Einzelinformationen zu erfassen (z. T. liegen Filmen Vorschläge für Arbeitsblätter bei).

6. Weiter ist – vor allem bei faktenreichen Informationsfilmen – zu prüfen, ob der Film in einem Durchgang oder in mehreren Teilen gezeigt werden soll. Bei Problemfilmen kann es die Motivation der Schüler zu eigenem Nachdenken fördern, wenn an einer spannenden Stelle gestoppt und mit den Schülern der mögliche Ausgang diskutiert wird (die Wegnahme des Tons an bestimmten Passagen kann einen ähnlichen Effekt haben).

7. Bei Filmen, die stark emotional ansprechen, kann es geraten sein, nicht unmittelbar nach der Vorführung ein Gespräch zu beginnen. Hier hat sich das Aufschreiben erster Eindrücke bewährt. Der einzelne Schüler kommt zu eigenem Nachdenken und es besteht die Möglichkeit zur Distanzierung; zudem bleibt dadurch eine gewisse Intimsphäre gewahrt.

8. Bei manchen (z. B. symbolischen) Filmen kann es erforderlich sein, den Film mehrmals unter verschiedenen Fragestellungen zu zeigen und zu besprechen.

9. Bei geplanter Filmvorführung ist wegen eventuell auftretender technischer Schwierigkeiten – wenn möglich – ein Alternativprogramm vorzubereiten.

10. Insgesamt ist die Filmbetrachtung eine von Schülern gern angenommene Methode. Wenn der Film schülergemäß ist, werden nur in disziplinär sehr schwierigen Klassen Probleme auftauchen. Es ist aber darauf zu achten, dass es nicht – wie sonst in der Freizeit der Jugendlichen – zu bloßem Konsum, sondern zu einer sachgemäßen Erarbeitung des Dargebotenen im Zusammenhang mit dem sonstigen Unterricht kommt (Hilfen: →Arbeitsblätter, →Hefteinträge usw.).

11. Da hierzu gewisse technische Kenntnisse und erhebliche apparative Voraussetzungen erforderlich sind, sei nur kurz auf die medienpädagogisch

sehr ergiebige Möglichkeit hingewiesen, mit Schülern selbst einen Video-Film zu drehen. Vor allem bei der Vorbereitung eines solchen Projekts – vielleicht in Kooperation mit einer Kirchengemeinde oder der Evangelischen Jugend – ergibt sich häufig eine sehr intensive Durchdringung des jeweiligen Themas. Allerdings übersteigt es in der Regel weit das im herkömmlichen Stundentakt Mögliche und bedarf eines besonderen Rahmens, etwa eines Schulprojekts über mehrere Tage oder einer Klassentagung o. ä.

Literatur:

Faulstich, W., Die Filminterpretation, Göttingen 1988

Monaco, J., Film verstehen. Kunst, Technik, Sprache, Geschichte und Theorie des Films und der neuen Medien, Reinbek [3]2001

Pirner, M. L., Film/Fernsehen/Video, in: Adam, G., Lachmann, R. (Hg.), Methodisches Kompendium 2, Göttingen 2002, 309–321

Wermke, M., Kirsner, I. (Hg.), Religion im Kino. Religionspädagogisches Arbeiten mit Filmen, Göttingen 2000

## *Beispiel A:*

Der Film „Parabel": Schauplatz dieses in seiner Symbolik immer noch aktuellen Films (Dauer: 20 Minuten) ist der Zirkus. Ein weiß gekleideter und weiß geschminkter Mann wird in das übende und ein Marionettenspiel (mit lebenden Figuren) vorbereitende Zirkusvolk eingeführt. Er verhält sich ganz anders als die anderen Menschen. Vor allem tritt er stellvertretend an die Stelle Schwacher und Ausgenutzter; dadurch gerät er in Konflikte mit den Starken seiner Umwelt. Sie gipfeln in der – für den weißen Mann tödlich endenden – Auseinandersetzung mit dem Zirkusdirektor und Dirigenten des Puppenspiels. So werden in vier Bildsequenzen symbolisch verschlüsselt das Leiden Jesu Christi und sein Tod gezeigt; dazu stellt sich die offene Frage nach seinem Weiterleben.

1. Thematische Einordnung: Der symbolische Film kann dazu dienen, den Schülern die Dramatik sowie die Bedeutung des Wirkens und Sterbens Jesu für die gesamte (auch heutige) Welt nahe zu bringen. Er bietet sich als Abschluss einer Unterrichtseinheit zur Christologie oder zu einem Jesus-Kurs an. Aufgrund der Mehrdimensionalität und der äußerst differenzierten Symbolik des Films ist eine Vorführung frühestens ab der 9. Jahrgangsstufe sinnvoll.

2. Es ist unmöglich, die Aussagen des Films schon beim ersten Ansehen auch nur annähernd auszuschöpfen. Deshalb ist – bei den Erprobungen wie-

derholt auch von den Schülern gefordert – eine mehrfache, am besten drei-
malige Vorführung des Films einzuplanen. Entsprechend umfangreich sollte
auch die Vorbereitung der Lehrerin sein. Vor dem ersten Zeigen sollte die Lehrerin kurz auf die Bedeutung der
Symbolik hinweisen. Nach dem ersten Sehen ist dann die Möglichkeit zu
spontanen Äußerungen zu geben. Hierbei werden wohl Fragen auftauchen,
deren Klärung ein nochmaliges Sehen erfordert. Vor dem zweiten Durchgang sollte die Klasse in etwa sieben Kleingruppen aufgeteilt werden mit
dem Auftrag, jeweils eine Szene genauer zu betrachten. In der dritten Stunde
werden dann die Ergebnisse der Kleingruppen, die jeweils ihre Szene deuten
sollen, besprochen. Zum Abschluss kann – am besten in einem meditativen
Rahmen – der Film noch einmal angesehen werden.

Eine sehr gute Vorlage für die Arbeit mit diesem komplexen, aber sehr ertragreichen
und dem zentralen Thema des Religionsunterrichts gewidmeten Film findet sich in:
ku praxis 6. An Gott glauben – den Menschen bejahen, 1976, 67–70. Ich vermute
aber, dass für manche Konfirmand(inn)en dieser Film zu früh kommt; deshalb sollte
er höheren Klassen der weiterführenden Schulen vorbehalten werden.


*Beispiel B:*

Leben in einer Schachtel

Der Zeichentrickfilm (7 Minuten) beschreibt den Lebensweg eines Menschen von der Geburt bis zu seinem Tode, indem er bedeutsame Lebens-
situationen (Geburt, Schule, Universität, erste Liebe, Heirat, erstes Kind,
Arbeit, Tod) herausstellt. Die Gebäude, in denen sich das Leben abspielt,
gleichen Schachteln, grau, begrenzt, trostlos. Aber diese Phasen werden mit
zunehmendem Alter immer kürzer. Erst nach dem Tod beginnt eine Bunt-
phase, die nicht durch die Zwänge des gesellschaftlichen Lebens wieder ab-
gebrochen wird.

1. Thematische Einordnung: Der Film kann der Einführung (Motivation) in
eine Unterrichtseinheit über den Sinn des Lebens dienen. Sein Einsatz ist
etwa ab der 8. Jahrgangsstufe möglich, besser aber erst in der gymnasialen
Oberstufe.

2. Durch die Abstraktion der Zeichensprache, den sparsamen, aber sehr
signifikanten Einsatz von Musik und die Kontrastierung zwischen Grau und
bunten Farben werden die Emotionen der Zuschauer sehr geschickt angesprochen und persönliche Betroffenheit erreicht. Nach der Filmvorführung

sollten sich deshalb die Schüler nicht sofort äußern müssen, sondern Gelegenheit haben, den eigenen Empfindungen und Gedanken nachzuhängen (z. B. beim Aufschreiben der ersten Eindrücke). Erst dann sollte ein Unterrichtsgespräch beginnen.

Weitere Vorschläge finden sich in: ku praxis 7. Lernen mit Medien, 1977, 37–39

## *Beispiel C:*

### Mohammed, Koran und Gebet

In „Mohammed, Koran und Gebet" (14 Minuten) wird zuerst Mohammed als Stifter des Islams vorgestellt, es folgen Hinweise auf wichtige Stationen seines Lebens. Der zweite Teil stellt knapp die sog. „fünf Säulen des Islams", also die wesentlichen Äußerungen eines islamischen Lebens, anschaulich dar.

1. Thematische Einordnung: Die Vorführung dieses Films empfiehlt sich bei der Durchnahme des Islams in etwa der 8. bis 10. Jahrgangsstufe. Die wesentlichen Elemente islamischer Religion werden hier knapp vorgestellt. Wegen der großen Informationsdichte sollte – vor allem in intellektuell schwächeren Klassen – der Film erst zum Abschluss der Behandlung des Islams gezeigt werden.

2. Dieser Informationsfilm enthält sehr viele Einzelheiten. Um die hier gebotenen Informationen für den Unterricht zu erschließen, sollten die Schüler vor der Vorführung gezielte Beobachtungsaufträge erhalten, am besten in arbeitsteiliger Gruppenarbeit. Auf dem Beiblatt zum Film werden dementsprechende Vorschläge für drei Gruppen gemacht.

# Gruppenarbeit

0. Grundansatz: Christliche Existenz ist auf Gemeinschaft bezogen. Im Gottesdienst, und hier am deutlichsten im Abendmahl, wird die besondere durch Christus vermittelte Gemeinschaft der Christen rituell begangen. Wichtige Äußerungen christlichen Glaubens sind Produkte der Kirche als (Konsens-) Gemeinschaft (z. B. biblischer Kanon; Bekenntnisse).

Die Gruppenarbeit bietet die Möglichkeit zur intensiven gemeinsamen Arbeit und damit zur Einübung produktiver christlicher Gemeinschaft.

1. Gruppenarbeit ist eine schwierig einzuführende Arbeitsform, die am besten in Klassen, die sie noch nicht gewohnt sind, durch das Einüben von →Einzel- und Partnerarbeit vorbereitet wird. Hilfreich kann – vor allem bei jüngeren Schülern – die Bildung fester Gruppen sein (deren Zusammensetzung gut zu überlegen ist!). Ein gemeinsamer Gruppenname und ein Gruppenheft, in das die Ergebnisse der jeweiligen Gruppenarbeit eingetragen werden, u. ä. fördern das Zusammengehörigkeitsgefühl. Dazu sollte man am Anfang gründlich die für eine Gruppenarbeit eventuell notwendige Umstellung der Stühle und Tische einüben. Auf die Dauer gesehen spart dies viel Zeit.

2. Man unterscheidet arbeitsteilige und -gleiche Gruppenarbeit. Im ersten Fall bearbeiten die einzelnen Gruppen unterschiedliche Fragestellungen zu einem Thema (wobei auch etwa je zwei Gruppen derselben Frage nachgehen können), im zweiten verfolgen alle dieselben Aufgaben.

Bei der Gruppenaufteilung sollte in einer arbeitsteiligen Gruppenarbeit darauf geachtet werden, dass die Zusammensetzung der jeweiligen Gruppen auch den gestellten Anforderungen entspricht. Hier ist die Möglichkeit leistungsmäßiger Differenzierung gegeben. Zudem kann bei großer Stofffülle das Plenum entlastet werden.

Bei arbeitsgleichen Gruppenarbeiten ist anzustreben, dass die Gruppen die Arbeitsaufträge etwa gleich zügig erledigen. Deshalb sollten leistungsstärkere und -schwächere Schüler möglichst gleichmäßig verteilt werden. Um eventueller „Arbeitslosigkeit" (und damit Unruhe) einzelner Gruppen vorzubeugen, empfiehlt es sich, für besonders schnelle Gruppen Sonderaufträge bereit zu halten.

3. Bei Beginn der Gruppenarbeit ist es erforderlich, die Schüler genau über das Wie und Was der Aufgabenstellung zu informieren. Zuerst sind die formalen Fragen zu klären:
- Gruppenaufteilung (falls nicht feststehend),
- Bestimmung von Gruppensprecher/-schreiber(in),
- erlaubte bzw. benötigte Hilfsmittel,
- Zeitdauer.

Erst dann kann ohne zeitliche Verzögerung der Arbeitsauftrag erteilt werden (eventuell unterstützt durch →Tafelanschrift/Folienprojektion oder →Arbeitsblatt).

4. Während der Gruppenarbeit geht die Lehrerin leise von Gruppe zu Gruppe, um anzuregen, zu unterstützen, aber auch um sich vom Fortschritt der Arbeit zu überzeugen und rechtzeitig die Gruppenarbeit zu beenden bzw. eine Verlängerung der Arbeitszeit für alle anzukündigen.

5. Die Durchführung einer Gruppenarbeit ist zeitlich aufwändig. Aufgrund der meist notwendigen Umstellung des Mobiliars und des Umsetzens sollte sie mindestens zehn Minuten dauern. Sie eignet sich vor allem für – lerntheoretisch im Transferbereich liegende – Aufgaben, also kreatives Arbeiten (z. B. Rollenspiel vorbereiten, Phantasiebericht schreiben, Gemeinschaftsbild malen) oder das Zusammentragen und Diskutieren unterschiedlicher Meinungen (Vorbereitung einer Diskussion). Für mehr reproduktive bzw. reorganisierende Tätigkeiten sind dagegen andere Methoden vorzuziehen, die ebenfalls die Selbsttätigkeit der Schüler unterstützen (wie →Einzel-/Partnerarbeit), aber weniger aufwändig sind.

6. Es gilt abzuwägen, ob das angestrebte Lernziel den Aufwand einer Gruppenarbeit lohnt. Auf jeden Fall ist auf die Integration der Gruppenarbeit in den sonstigen Unterricht zu achten (z. B. Strukturierung der Ergebnisse durch ein →Arbeitsblatt; gegebenenfalls Aufschreibenlassen der Ergebnisse auf eine Folie, die dann von der Gruppensprecherin/dem Gruppensprecher im Plenum am →Overhead-Projektor gezeigt und erklärt wird).

7. Immer wieder ist eine Diskrepanz zwischen der hohen pädagogischen Wertschätzung der Gruppenarbeit und der z. T. geringen Begeisterung mancher Schüler für diese Arbeitsform zu beobachten. Dies ist vielleicht dadurch zu erklären, dass die Gruppenarbeit der sonst üblichen Orientierung unserer Schulen an der Leistung der Einzelnen widerspricht und deshalb als unwichtige „Spielwiese" im Schulalltag missverstanden wird (Gruppenarbeiten sind kaum zu benoten). Diesem Dilemma kann nur durch sachlich

interessante, thematisch die Schüler motivierende Aufgabenstellungen begegnet werden.

8. Insgesamt ist die Gruppenarbeit eine ausgezeichnete Methode, um Schülern einen Raum zu eigenständigem und kreativem Lernen zu eröffnen. Allerdings ist sie disziplinär anfällig (hoher Lärmpegel, Möglichkeit „subversiver" Gruppenbildungen, Passivität einzelner Gruppenmitglieder) und sollte nur in Klassen verwendet werden, die nicht zur Unruhe neigen.

Literatur:

Haas, D., Bätz, K., Ratgeber Religionsunterricht, Lahr u. a. 1984, 51–58

Kurz, H., Methoden des Religionsunterrichts, München 1984, 37–40

Kliemann, P., Impulse und Methoden, Stuttgart 1997, 38–55


*Beispiel A:*

*Bibelarbeit, die Spaß macht*

Viele Bibeltexte, die eine innere dramatische Struktur haben, können von den Schülern leicht in kreativer Weise gestaltet werden. Für eine arbeitsteilige Gruppenarbeit an einem Text haben sich folgende sechs Möglichkeiten gut bewährt:

➢ Gruppe A – „Ihr seid große Künstler(innen)" – malt auf unbedrucktem, möglichst großem Papier (z.B. mit Fingerfarben), was euch zu der Geschichte einfällt.

➢ Gruppe B – „Ihr habt juristisches Naturtalent" – bereitet eine Pro- und Contra-Verhandlung vor.

➢ Gruppe C – „Ihr seid Tiefenpsychologen" – bildet ein „Seelenröntgenteam" und erstellt eine psychologische Diagnose der in der Geschichte handelnden Gestalten.

➢ Gruppe D – „Ihr seid hervorragende Schauspieler" – bereitet einen Sketch vor, der die Handlung in die Gegenwart verlegt.

➢ Gruppe E – „Ihr seid geborene Journalisten" – macht aus der Geschichte eine Zeitungsreportage oder verfasst eine protestierende Leserzuschrift.

➢ Gruppe F – „Ihr seid ein Rundfunk-Reporterteam" – fertigt zu der Geschichte eine Tonbandreportage oder ein Tonbandinterview an.

Selbstverständlich sind auch andere Gruppenaufgaben möglich.

(Nach Frör, H., Spielend bei der Sache, München [11]1993)

1. Thematische Einordnung: Die Gruppenarbeit „Bibelarbeit, die Spaß macht" gibt einen guten Einstieg in einen biblischen Text. Sie hat sich in der Sekundarstufe 1 bewährt. Allerdings eignen sich für diese Methode nur biblische Texte, die den Schülern unmittelbar verständlich sind.

2. Am besten lässt sich diese arbeitsteilige Gruppenarbeit in einer Doppelstunde durchführen. Doch haben einzelne Elemente durchaus auch in Einzelstunden Platz. Wichtig ist, dass die jeweils benötigten Arbeitsutensilien bereit stehen und die Arbeitsaufträge knapp und motivierend erteilt werden.

Besondere religionspädagogische Bedeutung hat die der konkreten Gestaltung vorhergehende Gesprächsphase in den Gruppen. Hier kommen die Schüler untereinander über einen biblischen Text ins Gespräch und versuchen dessen Aussage zu aktualisieren.

***Beispiel B:***

***Entscheidungsspiel***
Bei dieser Gruppenarbeit soll ein →Rollenspiel (s. dort Beispiel B) zu folgender Aufgabenstellung entworfen und vor der Klasse vorgespielt werden: Familie vor dem Fernsehapparat. Die Familie sitzt abends vor dem Fernsehgerät. Die Eltern wollen ein anderes Programm ansehen als die Kinder. (Etwas leichtere Alternative: Mutter und Tochter wollen einen Spielfilm sehen, Vater und Sohn ein Fußballspiel; eventuelle Ergänzung: das Zweitgerät ist defekt.)

Die konkrete Ausgestaltung der Personen (Beruf der Eltern, Alter der Kinder) sollte sich nach den jeweiligen Verhältnissen in der Klasse richten (beim Alter der Kinder auf keinen Fall das Alter der Schüler unterschreiten, besser etwas höher ansetzen, z.B. in 7. Klasse 15 und 14 Jahre; fast jeder Heranwachsende möchte lieber etwas älter sein).

1. Thematische Einordnung: Diese Gruppenarbeit gehört in die Eingangsphase einer problemorientierten Unterrichtseinheit über Familie in der Sekundarstufe 1.

2. Es ist zu erwarten, dass bei dieser arbeitsgleichen Gruppenarbeit verschiedene Konfliktlösungen angeboten werden. Im weiteren Unterricht kann dann – von dem durch die Gruppenarbeit bereitgestellten Material aus – versucht werden, ethische Kriterien für die Beurteilung der verschiedenen Lösungen zu erarbeiten.

# Hausaufgaben

0. Grundansatz: Für den Religionsunterricht ist die Verbindung zur außerschulischen Welt unverzichtbar, weil christliche Religion von ihrem Anspruch her ein das ganze Leben umfassendes Daseins- und Wertorientierungssystem ist. In diesem Kontext erhält das Thema Hausaufgaben neue Bedeutung, insofern hierdurch Außerschulisches in den Unterricht einbezogen werden kann.

1. Schüler sind (meist) für weniger bzw. keine Hausaufgaben. In der Schulpädagogik wird auf Grund empirischer Studien der Ertrag von Hausaufgaben für den Lernprozess recht gering veranschlagt. Deshalb und auf Grund dessen, dass der Religionsunterricht als meist zweistündiges Fach eher am Rande steht, sollten im Religionsunterricht nicht zu viele Hausaufgaben erteilt werden (Richtzeit für Sekundarstufe 1: etwa 15 Minuten, am Vermögen leistungsschwächerer Schüler ausgerichtet; in der gymnasialen Oberstufe etwa 30 Minuten). Bei zu umfangreichen bzw. für die Schüler wenig interessanten Hausaufgaben besteht die Gefahr, dass eine Aversion gegen den Religionsunterricht (und seine Themen) entsteht.

2. Insgesamt bieten Hausaufgaben die Möglichkeit, selbstständiges und selbsttätiges Arbeiten der Schüler zu fördern. Für den Religionsunterricht wichtig ist, dass die Hausaufgaben die Möglichkeit bieten, außerhalb der Schule liegende Lebensbereiche in den Unterricht einzuholen (z. B. durch Interviews, Sammeln von Zeitungsausschnitten zum Thema). Daneben kann in der Schule Erarbeitetes vertieft werden (z. B. durch Nachlesen, →Memorieren).

3. Erfahrungsgemäß werden Hausaufgaben, wenn sie nicht regelmäßig gestellt (und kontrolliert) werden, von den meisten Schülern nachlässig erledigt. Es gilt dann die Gleichung: Religion = keine Hausaufgabe. Deshalb sollte möglichst jede Stunde explizit eine – von der Lehrerin mit der Stundenplanung vorbereitete (nicht ad hoc formulierte!) – Hausaufgabe gestellt (und in unteren Klassen für deren Eintrag in das Hausaufgabenheft gesorgt) werden.

4. Die Lehrerin muss die Hausaufgabe unbedingt (!) in der Stunde abrufen, für die sie aufgegeben wurde. Sonst meinen die Schüler, sie hätten sich umsonst bemüht, und lassen in ihrer Sorgfalt nach.

Literatur:
Gudjons, H., Teske, R., Winkel, R., Unterrichtsmethoden: Grundlegung und Beispiele, Braunschweig 1982, 33–36
Jendorff, B., Hausaufgaben im Religionsunterricht, München 1983 (grundlegende Monografie)

*Beispiele*:

Aus der großen Fülle von möglichen Hausaufgaben, die Jendorff zusammentrug, seien zur Anregung und in teilweiser Aufnahme seiner Kategorien genannt:

– *Explorative Aufgaben:*
> Interview; Gespräch mit Familienangehörigen, sachkompetenten Personen o. ä. zu einem Thema, als Bericht formuliert; Bericht über Personen, Sachgegenstände o. ä. anhand von Literatur-/Internet-Recherche; Bericht über Pressemitteilung usw.

– *Sammelaufgaben:*
> Sammeln von Begriffen, Redewendungen, Argumenten, Bildmaterial usw., sowie deren Vergleich, Systematisierung, Wertung

– *Zuordnungsaufgaben*
> Zu einem Lied, Text usw. ein Bild suchen oder umgekehrt

– *Essayaufgaben:*
> Zusammenfassung des Stundeninhalts (Ergebnisprotokoll); Erstellen eines Tafelbildes; Pro- und Contra-Argumente entfalten; eine offene Geschichte zu Ende schreiben; Erarbeitung eines Werbezettels, Flugblatts usw.; Schreiben eines Lexikonartikels

– *Textaufgaben:*
> Einen Text durch Unterstreichen, Gliedern u. ä. vorbereiten; Umschreiben eines Textes (z. B. eines Bibeltextes in eine Reportage)

Dazu können über größere Zeiträume auch umfangreichere gestalterische Aufgaben angeregt werden, wie das Erstellen eines Hörspiels (→Technisch vermitteltes Hören und Gestalten 4.), eines Video-Films u. ä.

Es besteht auch die Möglichkeit, Anregungen für außerunterrichtliche Erkundigungen oder andere Tätigkeiten zu geben, ohne dass dies für alle verpflichtend ist. Im engen Sinn handelt es sich jedoch dann nicht mehr um „Hausaufgaben".

# Hefteintrag/-führung

0. Grundansatz: Der Hefteintrag ist ein wichtiges Mittel, für die Schüler (und deren Eltern) die Kontinuität des Religionsunterrichts und die Systematik der in ihm bearbeiteten Themen darzustellen. Auf die sorgfältige Gestaltung des Heftes (bzw. des Ordners) ist deshalb zu achten. Klar gegliederte →Tafelbilder bzw. Folien, anschauliche Skizzen und mit Überschriften und Ordnungsnummern versehene →Arbeitsblätter erleichtern den Schülern ihre Arbeit.

1. Da das Führen eines Heftes leichter ist als das eines Schnellhefters bzw. Ordners, sollte dem Heft in unteren Jahrgangsstufen der Vorzug gegeben werden. Nur wenn kein verwendbares Buch zur Verfügung steht und deshalb verstärkt mit Kopien gearbeitet wird, ist eine Sammelmappe günstiger (wegen des sonst aufwändigen Einklebens der Kopien). Auf jeden Fall ist das Format DIN-A4 empfehlenswert, weil hier auch größere Zeichnungen, Arbeitsblätter u. ä. genügend Platz haben. Karierte Lineatur ist vorzuziehen, denn sie ermöglicht differenziertere, in unteren Klassen erforderliche Verständigung über freizulassenden Platz (für spätere Eintragungen) bzw. erleichtert Skizzen u. ä.

2. Für die sachliche Orientierung und damit auch den Lernerfolg der Schüler ist eine übersichtliche Gliederung des Heftes hilfreich. Sie ist von der Lehrerin sorgfältig vorzubereiten. Die einheitliche Verwendung von farbigen Unterstreichungen (etwa: rot = sehr wichtig; blau = wichtig; grün = Gliederungspunkt) und die Abwechslung im Schrifttyp (Großbuchstaben, Druckschrift, Schreibschrift) sind weitere Hilfen. Einmal getroffene Entscheidungen haben zumindest für das laufende Schuljahr unbedingt Bestand (am besten grundsätzliche Einigung der Fachkonferenz).

3. Bei Hefteinträgen ist auf sprachliche Kürze und Prägnanz zu achten. In den unteren Jahrgängen sollten Hefteinträge in der Regel nicht mehr als drei bis vier Sätze umfassen. Schüler, die ein „schönes" Heft schätzen, begrüßen grafische Auflockerungen durch Bilder, Skizzen u. ä.

4. Alle Hefte sollten regelmäßig – etwa jeden Monat – durchgesehen werden. Für die Schüler ist dies ein weiterer Anreiz zu einer sorgfältigen Heftführung. Die Lehrerin erkennt an der Anordnung der Beiträge schnell, ob die Schüler die Struktur des Themas verstanden haben. Die Korrektur ist genau und schnell (Rückgabe in der nächsten Stunde!) durchzuführen. Jedes Mal sollte eine individuelle, wenn möglich aufmunternde bzw. lobende Bemerkung hinzugefügt werden, wobei die individuellen Fähigkeiten der Schüler zu berücksichtigen sind.

Auch in der gymnasialen Oberstufe ist es sinnvoll, den Schülern eine gelegentliche Korrektur ihrer Aufzeichnungen anzubieten, um die – im akademischen Studium vorausgesetzte – Fähigkeit des Mitschreibens zu fördern. Besonderes Augenmerk verdient dabei die Gliederung der Mitschrift.

5. Eine sorgfältige Heftführung durch die Schüler erleichtert der Lehrerin die eigene Dokumentation und dadurch auch die Nacharbeit eines Schuljahres. Am Ende des Schuljahres sollte sich die Lehrerin ein vollständiges Heft kopieren und die Ablichtungen zu ihren Unterrichtsvorbereitungen legen.

6. Insgesamt ist der Hefteintrag eine konzentrierende Methode. Sie ist auch in unruhigen Klassen möglich, ja sie wirkt disziplinierend.

Literatur:
Böbel, F., Didactica concreta. Überlegungen und Ratschläge zur Praxis des Religionsunterrichts (Arbeitshilfe für den evangelischen Religionsunterricht an Gymnasien Themenfolge 89), o. J. (1989), 147–151

*Beispiel A:*

3. *Diakonie*

> *1) Brot für die Welt*
> *„ Brot für die Welt" versucht, in aller Welt zu*
> *helfen. Dabei bemüht sich dieses evangelische*
> *Hilfswerk besonders um die Ärmsten. Ihnen*
> *wird Hilfe zur Selbsthilfe gegeben.*

1. Thematische Einordnung: Dieser Hefteintrag stammt aus dem Religionsunterricht der 7. Klasse. Innerhalb des Themenbereichs „Kirche" wurde als dritter Abschnitt „Diakonie" behandelt.

2. Der Hefteintrag versucht, die wesentlichen Informationen aus dem Unterrichtsgeschehen komprimiert zusammenzufassen. Die Unterstreichungen (an der Tafel in den Überschriften grün, im Text rot) sollen die Schüler schnell auf das Wesentliche aufmerksam machen.

Für diesen Hefteintrag, der das Ergebnis von zwei Schulstunden zusammenfasst, benötigten die Schüler in der Erprobung etwa acht Minuten (!). Konzentration, die nur durch die häusliche Vorbereitung der Lehrerin erreichbar ist, ist also für Hefteinträge unabdingbar.

**Beispiel B:**

*Präsuizidales Syndrom*

*depressive Verstimmung, Passivität*
*Einengung der Wertwelt*
*(verdrängte) Aggressionen*
*gegen eigene Person*
*Ankündigung des Suizids*
*ständige Einengung*
*des Bewusstseins*
*Todesphan-*
*tasien*
*Vorbe-*
*reitung*

*Suizid*

1. Thematische Einordnung: Dieser Eintrag entstammt einer Unterrichtseinheit zum Thema „Suizid" in der 10. Jahrgangsstufe. Er wurde im Verlauf eines gelenkten Unterrichtsgesprächs über einen literarischen Text (abgedruckt bei →Textarbeit Beispiel A), anhand dessen die wesentlichen Charakteristika des präsuizidalen Syndroms begegnen, erarbeitet.

2. Dieser Hefteintrag ist dadurch recht einprägsam, dass die entscheidende Information, nämlich die „ständige Einengung des Bewusstseins", durch die grafische Darstellung anschaulich gemacht wird.

Quelle: Grethlein, Chr., Selbsttötung – ein Hilferuf?!, Arbeitshilfen für den evangelischen Religionsunterricht an Gymnasien, Themenfolge 66, hg. v. Gymnasialpädagogische Materialstelle der Evang.-Luth. Kirche in Bayern o. J.

# Lernzielkontrolle (Benotung)

0. Grundansatz: Kinder und Jugendliche leisten gerne etwas und sind stolz auf Leistungen. Umgekehrt sind sie im Bereich der Leistungsmessung leicht verletzbar. Im Religionsunterricht als einem ordentlichen Fach an öffentlichen Schulen werden – auch – abfragbare Kenntnisse vermittelt, die überprüft werden können.

Theologisch ist grundsätzlich an die Rechtfertigungsbotschaft zu erinnern, die auf die Differenz zwischen Tat und Täter aufmerksam macht, in der Schule also die Unterscheidung von Schülern als Personen und ihrer konkreten Leistung einschärft (dies gilt für alle Fächer und sollte im Religionsunterricht immer wieder thematisiert werden).

1. Es ist zwischen Lernzielkontrolle und Benotung zu unterscheiden. Zwar bieten gerade kreative Methoden der Lehrerin einen guten Einblick in das Verständnis von Schülern. Doch sollten hierbei erbrachte Leistungen nicht benotet werden, um die für kreatives Gestalten unerlässliche Spontaneität der Schüler nicht zu gefährden.

2. Das Erreichen der Lernziele kann in verschiedener Weise überprüft werden: z. B. durch →Bildbetrachtung, Fragebogen, Gestalten eines Hörspiels, →Gruppenarbeit, Kreuzwort-/Silbenrätsel, →Malen, Quiz, →Rollenspiel, →Textarbeit, Unterlegen eines Liedes mit Text, →Unterrichtsgespräch usw.

3. Darüber hinaus sind schriftliche und mündliche Abfragen zur Notenfestsetzung unerlässlich.

Bei schriftlichen Tests muss deren Dramaturgie genau bedacht werden. Leichtere Fragen bzw. Aufgaben sollten am Anfang stehen, der Schwierigkeitsgrad im Weiteren langsam ansteigen, um leistungsschwächere Schüler nicht vorzeitig zu entmutigen. Dazu kann die Angabe des Bewertungsschlüssels für die Schüler eine Hilfe zur Bearbeitung sein. Schließlich sollten reproduzierende und reorganisierende Fragen in der Sekundarstufe 1 etwa vier Fünftel ausmachen, den Rest Transferfragen. In der Oberstufe des Gymnasiums treten die Reproduktionswissen überprüfenden Fragen hinter einer stärkeren Gewichtung von Transferfragen (ca. 25%–35% der Gesamtheit der Bewertungseinheiten) zurück.

Die Korrektur schriftlicher Arbeiten sollte zügig erfolgen, damit ihre Verbesserung noch im sonstigen Unterrichtszusammenhang einen Platz hat und den Lernprozess fördert.

Bei mündlichen Abfragen sollte dem Schüler umgehend das Ergebnis, eventuell mit kurzer Begründung, bekannt gegeben werden.

4. Bei jeder Benotung sollte das Interesse der Förderung des Schülers im Vordergrund stehen – auch bei schuldhaftem Versagen wegen Faulheit o. ä. Bemerkungen der Lehrerin haben die Aufgabe, zu besserer Leistung zu ermutigen. Persönlich verletzende Äußerungen sind auf jeden Fall zu vermeiden (s. Grundansatz bei der Rechtfertigungsbotschaft). Kommt es doch einmal hierzu, hat der Schüler Anspruch auf ausdrückliche Entschuldigung. Zudem sollte sich die Lehrerin bewusst sein, dass ein Zusammenhang zwischen eigenen Fehlern und der Fehlleistung eines Schülers bestehen kann.

5. Vor allem in der gymnasialen Oberstufe tritt der Aspekt der Benotung im Religionsunterricht stärker in den Vordergrund. Die Religionslehrerin sollte sich hier bemühen, etwa die gleichen Leistungsanforderungen wie in anderen vergleichbaren Fächern zu stellen.

6. Insgesamt ist bei aller Notwendigkeit von bewerteten Lernzielkontrollen darauf zu achten, dass genügend Raum im Religionsunterricht für offene Gespräche zwischen den am Unterricht Beteiligten bleibt – gleichsam jenseits der Leistungsschule.

Literatur:

Fikenscher, K., Leistungsbewertung und Noten im Religionsunterricht, in: Katechetische Blätter 107 (1982), 371–378 (abgedruckt auch in: H. Lenhard, Hg., Arbeitsbuch Religionsunterricht, Gütersloh [3]1996, 188–191)

Jendorff, B., Leistungsmessung im Religionsunterricht, München 1979 (grundlegende praxisorientierte Arbeit)

Nipkow, K. E., Religionsunterricht in der Leistungsschule, Gütersloh 1979 (sehr differenziertes, sowohl theologische als auch pädagogische Gesichtspunkte abwägendes Gutachten zur Frage der Versetzungserheblichkeit des Religionsunterrichts)

*Beispiel A:*

*Einsetzrätsel zur Bibel*

| 1 | | | | | | | | | | | | | | | |
|---|---|---|---|---|---|---|---|---|---|---|---|---|---|---|---|
| 2 | | | | | | | | | | | | | ? | | |
| 3 | | | | | | | | | | | | | | | |
| 4 | | | | | | | | | | | | ! | | | |
| 5 | | | | | | | | | | | | | | | |
| 6 | | | | | | | | | | | | | | | |
| 7 | | | | | | | | | | | | | | | |
| 8 | | | | | | | | | | | | | | | |
| 9 | | | | | | | | | | | | | | | |
| 10 | | | | | | | | | | | | | | | |
| 11 | | | | | | | | | | | | | | | |
| 12 | | | | | | | | | | | | | | | |
| 13 | | | | | | | | | | | | | | | |

1. Wie heißt der Führer Israels im Kampf gegen die Midianiter? (Ri 7,1)
2. Welche Frage stellt Pontius Pilatus an Jesus? (Joh 18,38)
3. Der Name eines Gartens (Mk 14,32)
4. Eine Aufforderung Jesu an seine Jünger (Mt 25,13)
5. Welche Form hatten die Bücher der Bibel ursprünglich?
6. Wie werden die Psalmen 121, 126 und 130 genannt?
7. Wie nennt sich Jesus? (Joh 10,11)
8. Ein Name für die Bibel
9. Wo wurden die Anhänger Jesu zum ersten Mal Christen genannt? (Apg 11,26)
10. Wie nennt sich Jesus? (Joh 15,5)
11. Wo wurde Mose zum Führer der Israeliten berufen? (2. Mos 3,1)
12. Wie heißt das 25. Buch des Alten Testaments?
13. Aus welchem Ort stammen die Jünger Andreas und Petrus? (Joh 1,44)

Setze die gefundenen Wörter bzw. Sätze Buchstabe für Buchstabe in die freien Kästchen der jeweiligen Zeile!
Wenn Du alles richtig hast, dann ergibt sich in einer mittleren Kästchenreihe von oben nach unten ein Name für die Bibel.
Umrande diese Kästchenreihe rot!
Viel Spaß!

Lösung:
1. Gideon; 2. Was ist Wahrheit?; 3. Gethsemane; 4. Darum wachet!; 5. Bibliothek; 6. Wallfahrtslied; 7. Der gute Hirte; 8. Heilige Schrift; 9. Antiochia; 10. Weinstock; 11. Berg Gottes; 12. Klagelieder; 13. Betsaida

1. Thematische Einordnung: Dieses Einsetzrätsel kann als (auch benotbare) Lernzielkontrolle am Ende einer Durchnahme des Themenbereichs „Bibel" in der 5./6. Klasse (Orientierungsstufe) stehen. Es wird hierbei überprüft, inwieweit die Schüler in angemessener Zeit (Arbeitszeit ca. 15 Minuten) einen biblischen Text aufschlagen können.

2. Rätseln ist eine bei vielen Schülern beliebte Tätigkeit. Durch Anwenden dieser spielerischen Methode verliert die (benotete) Lernzielkontrolle ihren für manche Schüler ängstigenden Charakter.

Bei dem vorstehenden Rätsel müssen die Schüler darauf aufmerksam gemacht werden, dass zwischen Worten (etwa bei: Was ist Wahrheit?) kein Zwischenraum gelassen wird.

Quelle: Einführung in die Bibel (5. Klasse), in: Gymnasialpädagogische Materialstelle in der Evang.-Luth. Kirche in Bayern (Hg.), Arbeitshilfe für den evangelischen Religionsunterricht an Gymnasien I/75. (Voraussetzung der hier präsentierten Fassung: die gemeinsame Verwendung des Bibeltextes der 1984 revidierten Fassung des Luther-Textes).

*Beispiel B:*

---

Test 9. Klasse

1. Wann wurde Martin Luther geboren? Wo?

..................................................................................... 4 BE

2. Welche beiden Ereignisse haben – nach Deiner Meinung – Martin Luther in seiner Kindheit und Jugend am meisten geprägt?

.........................................................................................

.........................................................................................

.........................................................................................

.........................................................................................

..................................................................................... 8 BE

3. Im Jahr 1521 geschah für Martin Luther Wichtiges:

1).................................................................................12 BE

2).........................................................................................

3).........................................................................................

4).........................................................................................

4. Nenne zwei Vorreformatoren:

.....................................................................................4 BE

5. Was ist Deiner Meinung nach die größte Leistung Martin Luthers gewesen? Begründe Deine Auffassung!

.....................................................................................8 BE

.........................................................................................

.........................................................................................

.........................................................................................

.........................................................................................

.........................................................................................

.........................................................................................

Viel Erfolg!

---

1. Thematische Einordnung: Diese schriftlich benotbare Lernzielkontrolle wurde zum Abschluss der Themeneinheit „Reformation" in der 9. Jahrgangsstufe eines Gymnasiums gehalten. Die Arbeitszeit betrug 20 Minuten.

2. Bei dieser Prüfungsarbeit kann bei richtiger Beantwortung der drei Reproduktionsaufgaben (1, 3, 4) ein befriedigendes Ergebnis erzielt werden. Die 5. Frage, die auf der Transferebene liegt, bietet die Möglichkeit zur Differenzierung bei den beiden besten Noten. Sie wurde bewusst an das Ende der gesamten Arbeit platziert, um schwächere Schüler nicht zu verunsichern. Ingesamt ist die Fragestellung so, dass in etwa fünf Minuten eine Arbeit korrigiert werden kann, da die erwarteten Stichworte für die ersten vier Fragen (weitgehend) feststehen. So kann die Arbeit auch bei größeren Klassen in der nächsten Stunde zurückgegeben werden.

# Malen (als Form des Gestaltens)

0. Grundansatz: Malen bzw. umfassender: die darstellende Kunst ist eine kulturgeschichtlich alte und wichtige Form, um Dinge und Sachverhalte auszudrücken, die die Menschen unmittelbar betreffen. Nicht von ungefähr dominieren bis ins 20. Jahrhundert religiöse Themen die bildende Kunst (→Bildbetrachtung).

1. Malen bzw. Zeichnen als kreativer Akt kann der Erhebung von Vorwissen bzw. -einstellungen, der Verarbeitung und Vertiefung von Gelerntem und der (nicht zu benotenden) →Lernzielkontrolle dienen. Zudem bietet es die Möglichkeit zu einer abwechslungsreichen →Heftführung und wird schon deshalb von den meisten jüngeren Schülern begrüßt.

2. Es ist zwischen thematisch orientiertem und freiem Malen zu unterscheiden.

Im Religionsunterricht wird meist bei jüngeren Schülern das thematisch orientierte Malen praktiziert (z.B. Darstellen der Schlüsselszene einer biblischen Geschichte). Hier sind ein genau formuliertes Thema und die zur Verfügung stehende Zeit anzugeben.

Freies Malen bietet sich dagegen beispielsweise im Zusammenhang mit aktiver Meditation (→Entspannungsübungen) an und ist möglichst wenig zu reglementieren.

3. Beim Malen im Religionsunterricht wird in der Regel nur auf einfache Techniken (wie Malen mit Buntstiften, Wachsmalkreiden o.ä.) zurückgegriffen. Zur Vertiefung wichtiger Sachverhalte hat sich – bei disziplinär unproblematischen Klassen – das Malen in Gruppen bewährt:
   - Eine Gruppe malt (am besten in Doppelstunden) z.B. auf Karton, Plakatrückseite, Tapetenrest, Zeitungspapierrolle o.ä. ein Gemeinschaftsbild. Dazu eignen sich Fingerfarben sehr gut (wegen entsprechender Kleidung vorher ansagen!).
   - Ein Thema (z.B. die biblische Geschichte vom Aufstieg Davids) wird im Unterrichtsgespräch in Einzelthemen gegliedert. Jeder Schüler (bzw. Paare) malt auf ein Zeichenblatt ein Thema. Die Bilder werden zu einem Leporello zusammengeklebt (und, wenn möglich, im Klassenzimmer aufgehängt) (→Overhead-Projektion 4.).

4. Zur zeitlichen Entlastung – Malen ist wie jede kreative Tätigkeit zeitintensiv – kann die Kunstlehrerin gebeten werden, ein Thema aus dem Religionsunterricht bildnerisch mit den Schülern zu gestalten. Dabei wird es aufgrund der durch die verwendete Technik gegebenen Möglichkeiten und der daraus eventuell resultierenden Verfremdung zu interessanten sachlichen Einsichten kommen, also zu einer echten Kooperation zwischen Kunst- und Religionsunterricht.

5. Bis zur Pubertät malen viele Schüler gern und durchaus phantasievoll. Später stehen dann mehr technische Fragen der Gestaltung im Vordergrund, so dass es seltener zu wirklich kreativem und spontanem Ausdruck der eigenen Befindlichkeit bzw. des eigenen Erlebens kommt (z. T. wegen Hemmungen auf Grund technisch nicht einlösbarer ästhetischer Ansprüche, Unsicherheit usw.). Hier empfehlen sich indirektere Formen der Gestaltung wie Collagen oder das äußerst effektvolle Bemalen von Diagläsern mit Folienstiften.

6. Wie bei jeder kreativen Methode sind die Schüler beim Malen verletzlich. Auch Bilder, die nach allgemeinen ästhetischen Maßstäben nicht gelungen sind, sollten im Religionsunterricht nicht negativ kritisiert werden (auch nicht von Mitschülern). Vielmehr gilt es (wenn möglich), wichtige sachliche Einsichten, die im Bild verarbeitet wurden, lobend hervorzuheben.

7. Insgesamt ist Malen eine die Kreativität der Schüler fördernde, technisch (meist) recht einfach realisierbare Methode. Sie benötigt allerdings eine entspannte Atmosphäre und ist deshalb in disziplinär schwierigen Klassen problematisch.

Literatur:
Martini, G., Malen als Erfahrung. Kreative Prozesse im Religionsunterricht, Gruppenarbeit und Freizeiten, Stuttgart, München 1977
Müller, E., Bildnerisches Gestalten, in: Adam, G. Lachmann, R. (Hg.), Methodisches Kompendium für den Religionsunterricht 1, Göttingen [4]2002, 211–236

# Memorieren

0. Grundansatz: Viele Menschen haben heute erhebliche Schwierigkeiten damit, ihre religiösen Empfindungen und Fragen sowie ihre Ängste und Hoffnungen sprachlich angemessen auszudrücken und so hierüber mit anderen zu kommunizieren. Deshalb ist eine entsprechende Sprachschulung eine wichtige Aufgabe des Religionsunterrichts. Hierbei kann die Methode des Memorierens hilfreich sein, indem sie zu einem Sprachgewinn führt.

1. Sowohl aus theologischen als auch allgemein kulturellen Gründen sollten Schüler, die über viele Jahre hinweg den Religionsunterricht besuchen, Vaterunser, Apostolisches Glaubensbekenntnis und Zehn Gebote ohne Vorlage sprechen können. Weiter bieten sich zum Memorieren einige wichtige Psalmen (wie Ps 23) und Lieder an (wegen des Wiedererkennungswertes besonders auch Weihnachtslieder und bei Kasualien häufig verwendete Choräle wie „Lobe den Herren"). Hier werden zentrale Begriffe religiöser Sprache verwendet, die Resultate von Grunderfahrungen sind.

2. Vor allem jüngere Schüler prägen sich z. T. gerne Texte ein, wenn diese nicht zu umfangreich und schwierig formuliert sind. Nicht zuletzt bietet das Memorieren leistungsschwachen Schülern eine gute Möglichkeit für ein Erfolgserlebnis.

3. Allerdings muss der Prozess des Memorierens sorgfältig gestaltet werden. Das unvorbereitete Aufgeben von Texten als →Hausaufgabe ist wenig motivierend. Ziel muss es sein, dass das Memorieren kein nur äußerer Prozess wird (deshalb vermeide ich auch den Ausdruck „auswendig lernen"); vielmehr ist anzustreben, dass es zu einer inneren Aneignung kommt („inwendig lernen"; englisch: „learning by heart"). Dies wird am besten durch die gemeinschaftliche, intensive Beschäftigung mit einem Text erreicht, die gleichsam nebenbei zu dessen Memorieren führt.

So kann z. B. beim Memorieren des Vaterunsers damit begonnen werden, dass die Schüler sich in Gruppen zu den einzelnen Bitten Gebärden überlegen. Während eine Gruppe ihre Gebärden vorträgt, sprechen die anderen das Vaterunser. So lernen sie dieses Gebet gleichsam beiläufig, ohne dass ihnen die Mühe des Memorierens bewusst wird. Zugleich nehmen sie an einem Auslegungsprozess teil, der auch die leibliche Dimension umfasst.

4. Beim Memorieren muss gewährleistet sein, dass der jeweilige Text den Schülern verständlich ist. Dazu gehört, dass sie jedes Wort in ihrer Sprache erklären können. Deshalb müssen Memoriertexte im Unterricht nicht nur ausführlich eingeübt, sondern auch inhaltlich besprochen werden.

5. Da im Religionsunterricht Memoriertes selten in der Lebenswelt der Schüler vorkommt, ist es wichtig, Wiederholungsmöglichkeiten im Unterricht zu schaffen. Z. T. kann dies in kurzen Unterrichtspausen geschehen (etwa wenn das Stundenpensum schon vor dem Pausenzeichen erfüllt ist), z. T. durch direkte Bezugnahme bei weiteren Themen.

6. Es sollte auf jeden Fall vermieden werden, dass Memorieren zur Strafe im Religionsunterricht verkommt.

Literatur:

Jendorff, B., Üben und Wiederholen, in: G. Adam, R. Lachmann (Hg.), Methodisches Kompendium 1, Göttingen ⁴2002, 190

Schmid, H., Die Kunst des Unterrichtens, München 1997, 221–239

*Beispiel:*

*Inwendiglernen*

Ein Beispiel für „Inwendiglernen" gibt W. Gerlach in einem Bericht über eine Konfirmandenstunde, in der er zuerst mit dem Vorhaben gescheitert war, das Lied „Lobe den Herren, den mächtigen König der Ehren" lernen zu lassen:

„Ich habe eine Idee, was wir jetzt mit dem Lied machen können: Wir spielen die einzelnen Strophen. Es bilden sich bitte immer Zweier- und Dreier-gruppen. Jede Gruppe holt sich ein neues Gesangbuch und wählt eine der fünf Strophen aus, die sie pantomimisch darstellen kann. Die Zuschauer singen dann den betreffenden Vers begleitend mit. Wir machen sozusagen eine Oper: Einige spielen, die anderen sind der Chor. Nach kurzem Zögern bilden sich die ersten Gruppen und verteilen sich in die umliegenden Räume und nach draußen, um sich vorzubesprechen und zu üben.

Das Spiel der pantomimischen Szenen bringt den Spielern und den Zu-schauern einen ‚Mordsspaß'. Keine Störung. Viele Einfälle. Anschließend tauschen wir Erfahrungen und Beobachtungen aus: Da wurde unversehens ein Bild von ‚Adlers Fittichen' für die Kinder zum Zeichen wärmender Ob-hut. Modellierkünstler waren zu sehen, wie sie einen Menschen ‚künstlich und fein bereiteten'. Ein Segensgestus entstand aus der Vision des Gottes, der ‚über dir Flügel gebreitet'. Zwei Mädchen erzählen von ihrem Spiel, dass ihre liebevolle Umarmung nicht eingeplant sei, sondern dass es sie überkommen habe, als die Zuschauer gesungen hatten von dem ‚All-mächtigen, der dir mit Liebe begegnet'."

Quelle: Kaufmann, H.-B., Lernen mit Konfirmanden, in: Comenius-Institut, Hg., Handbuch für die Konfirmandenarbeit, Gütersloh [2]1985, 339

# Overhead-Projektion (mit Folien)

0. Im Religionsunterricht werden häufig Themen behandelt, die nicht unmittelbar sinnlich erfahrbar sind. Für visuell veranlagte Menschen ist es wichtig, die Struktur der dabei verfolgten Gedanken und Argumentationen in Grafiken, Skizzen o. ä. anschaulich zu machen. Der Overhead-Projektor kann hierzu eine große Hilfe sein.

1. Die Projektion von Folien mit dem Overhead-Projektor (Tageslichtschreiber; Poly-Lux) ist in allen Phasen des Unterrichts einsetzbar. Sie ermöglicht technisch sehr einfach die Verwendung von Bildern/Schaubildern u. ä. im Religionsunterricht (früher technisch komplizierter und disziplinarisch anfälliger die Dia-Projektion [aber →Bildbetrachtung 1.], die eine Verdunkelung erfordert).

2. Der Einsatz eines Overhead-Projektors erleichtert eine klare Strukturierung verschiedener methodischer Schritte (z. B. bei →Bildbetrachtung: Projektor an; beim anschließenden Unterrichtsgespräch Projektor aus, aber Möglichkeit zum kurzen Anschalten bei Nachfragen).

3. Der Einsatz des Overhead-Projektors kann viele andere Methoden des Religionsunterrichts unterstützen, z. B.:
- Ausfüllen von →Arbeitsblättern (vor allem bei orthografisch unsicheren Klassen);
- Vorbereiten von →Rollenspielen durch Spiel mit Figuren auf dem Overhead-Projektor (hoher Rollenschutz für die Spieler);
- Ausgestalten von Rollenspielen (Hintergrund bzw. Kulisse auf Folie);
- Veranschaulichen von Referaten bzw. gelenkten Unterrichtsgesprächen durch Projektion der (grafisch dargestellten) sachlichen Struktur o. ä.;
- Vorstellen von Ergebnissen einer →Gruppenarbeit im Plenum.

4. Folien können sehr unterschiedlich eingesetzt werden:
- Die ganze, schon beschriftete Folie wird präsentiert.
- Die Folie wird während des Unterrichts beschriftet (Schüler schreiben meist gern auf Folien!).

- Nur einzelne Teile der Folie werden gezeigt, andere (durch eine selbst gefertigte Schablone aus Papier) abgedeckt und erst im Laufe des Unterrichts projiziert.
- Verschiedene Folien werden im Laufe des Unterrichts aufeinandergelegt (Aufbaufolie) und so der Arbeitsfortschritt anschaulich gemacht. Dies empfiehlt sich vor allem bei der Darstellung komplexerer Sachverhalte. Die Genese des Schaubildes kann z.b. durch verschiedene Farben und Stricharten präsent gehalten werden.
- Auf den Overhead-Projektor werden nacheinander verschiedene Folienteile (z.B. ausgeschnittene Figuren, Symbole) gelegt. So können ganze Szenen gespielt werden.
- Folien werden zerschnitten (etwa in 8 Teile) und mit Plakatfarbe in mehreren Schichten bemalt. Nach dem Trocknen werden mit einem spitzen Gegenstand (Nagel o. ä.) vorsichtig eine oder mehrere Farbschichten teilweise abgekratzt. So können z. B. gut zusammenhängende Geschichten (etwa David-Erzählung oder Passion Jesu) von einer Klasse in aufeinanderfolgenden Bildern eindrücklich dargestellt werden (→Malen 3.).

5. Folien können sowohl – zum einmaligen Gebrauch – mit wasserlöslichem als auch – zur wiederholten Verwendung – mit wasserbeständigem Stift beschrieben werden. Auch können ohne weiteres Vorlagen mittels Kopierer auf eine Folie (mit ausdrücklichem Vermerk „kopierfähig") gebrannt werden.

6. Der Einsatz des Overhead-Projektors bewährt sich nicht zuletzt in disziplinär schwierigen Klassen. Die Lehrerin muss hier – im Gegensatz zur Tafelanschrift – der Klasse beim Schreiben nicht den Rücken zuwenden.

Literatur:
Fleckenstein, W., Overheadfolien im Religionsunterricht. Methodisch-didaktische Anregungen, in: Katechetische Blätter 123 (1998), 278–283
Will, H., Overheadprojektor und Folien Bd. 4. Mit den Augen lernen, Weinheim u. a. [2]1994

*Beispiel :*

*Mythos vom Sterben und Auferstehen Baals im Zyklus der Jahreszeiten*

Grundfolie:

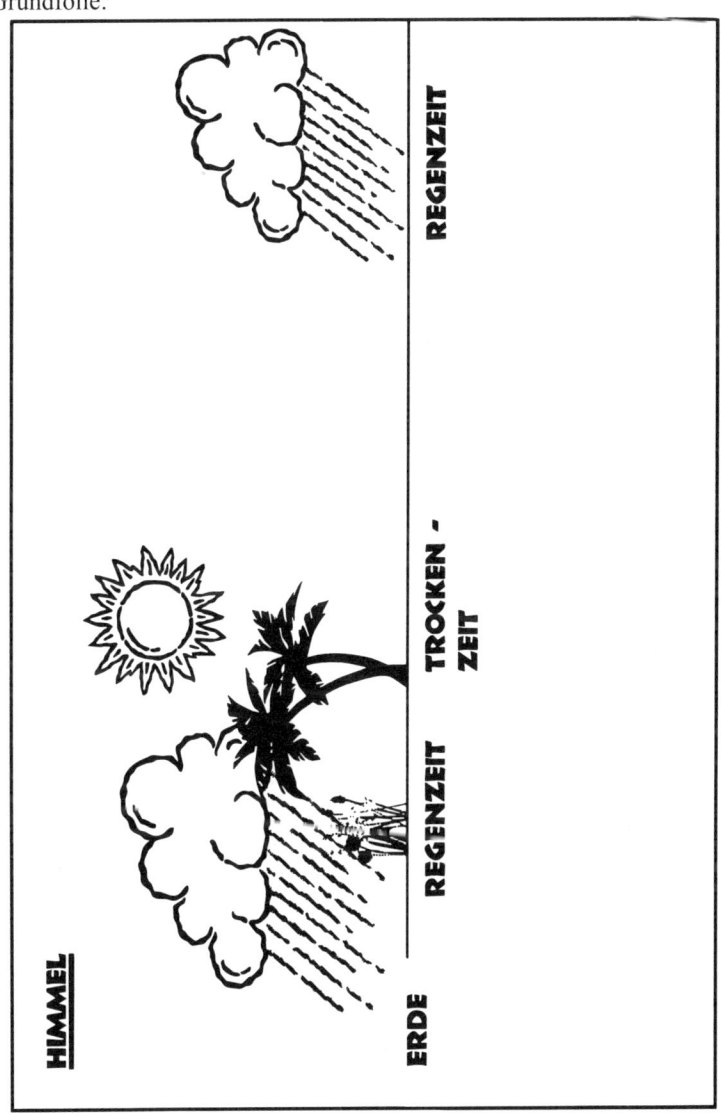

Auflegefolie:

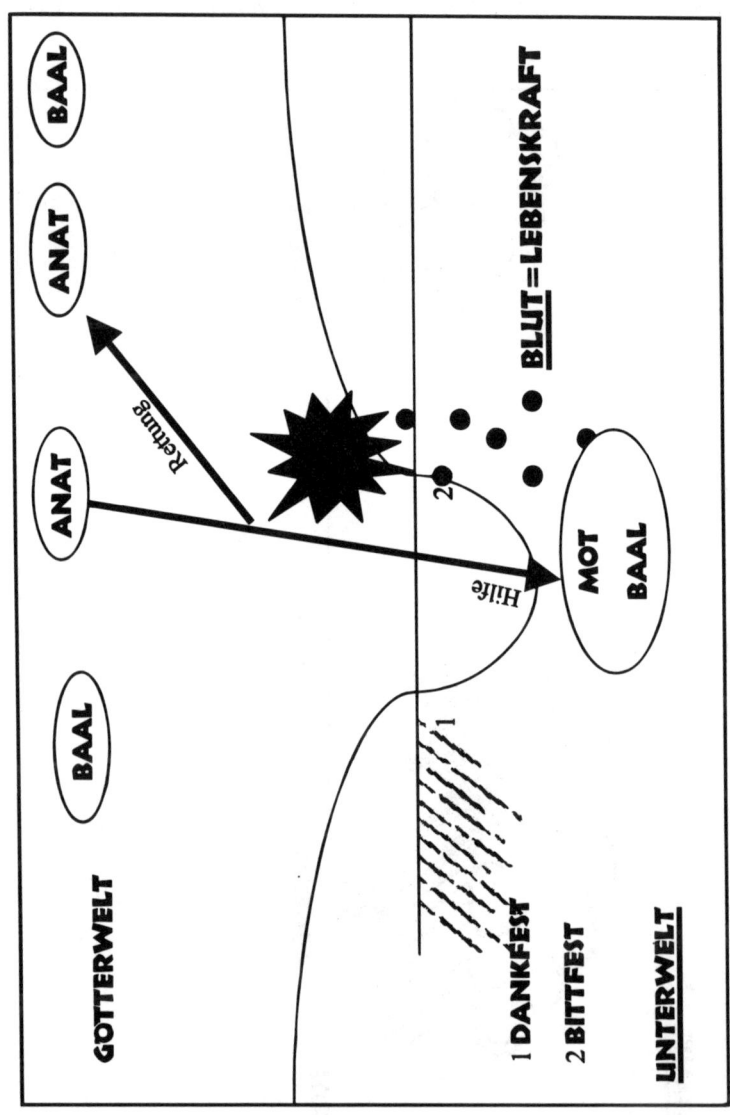

1. Thematische Einordnung: Diese Aufbaufolie kann im Zusammenhang der Erklärung von „Mythos" z. B. innerhalb eines Kurses zur Gotteslehre bzw. zu „Religion" in der gymnasialen Oberstufe eingesetzt werden. Während die Grundfolie im gelenkten Unterrichtsgespräch interpretiert wird (Fragen nach Klima und daraus resultierenden Bedürfnissen, Ängsten und Hoffnungen der Menschen), wird die Auflegefolie, die die mythische Verarbeitung der klimatischen Gegebenheiten darstellt, in einem kurzen Lehrervortrag erklärt.

2. Die Technik der Aufbaufolie verdeutlicht gut die Zusammengehörigkeit von klimatischen Bedingungen (Grundfolie) und religiöser Deutung (Auflegefolie). Dadurch kommt der ganzheitliche Charakter des mythischen Weltbilds, der sowohl Geografie, Anthropologie, Theologie usw. umfasst, zum Ausdruck. Die Verwendung von Farben kann die Eindrücklichkeit des Schaubildes noch verstärken.

Quelle: Das Schaubild bezieht sich auf: Eggenberger, H., Spahn, W., Schweizer Schulbibel (Lehrerband), Zürich u. a. 1977, 154; und ist verschiedentlich aufgenommen worden, etwa in: Arbeitshilfe für den evangelischen Religionsunterricht an Gymnasien, hg. v. Arbeitsgemeinschaft evangelischer Religionslehrer an den Gymnasien in Bayern, Themenfolge 31 Heft 2. Materialien C 25.

# Rollenspiel

0. Grundansatz: Zum Evangelium gehört auch die Aufforderung zu neuem Verhalten. Die Methode des Rollenspiels ermöglicht die spielerische Aufarbeitung und damit auch Reflexion bisherigen Verhaltens und das Ausprobieren von Alternativen. Dies kann auch durch die spielerische Imitation vorgegebener Rollen geschehen.

Pädagogisch gesehen ist die Imitation wohl die eindrücklichste Art des Lernens.

1. Rollenspiele eignen sich sowohl für bibel- als auch problemorientierte Inhalte des Religionsunterrichts. Sie können an unterschiedlichen Stellen einer Stunde eingesetzt werden.

2. Es kann sowohl (etwa durch Erzählung oder einen Text) Vorgegebenes (= gebundenes Rollenspiel) als auch frei (= freies Rollenspiel, etwa über ein Thema) gespielt werden.

Eine in der Praxis gut bewährte Mittelform sind die sog. Entscheidungsspiele; hier wird eine Situation mit einem Problem vorgegeben, dessen Lösung dann im Rollenspiel gefunden werden soll.

3. Zur Einführung der Methode (vor allem bei schüchternen Klassen) empfiehlt es sich, zuerst mit festen Rollentexten, die abgelesen werden, zu beginnen. Auch die Erstellung eines Hörspiels bzw. das Spielen mit Marionetten o. ä. können gute Vorübungen für Rollenspiele sein. Alle diese Arbeitsformen geben nämlich durch die Indirektheit der Darstellung den Akteuren größeren Rollenschutz.

4. Rollenspiele müssen gewissenhaft geplant werden (nicht als Lückenbüßer verwenden, wenn noch Zeit ist!). Denn die Schüler sind hier in affektiver Hinsicht besonders gefordert und dadurch verletzlich. Deshalb muss die Grundkonstellation sorgfältig vorbereitet werden.

5. Die Vorgaben und die Aufgabe des Rollenspiels sind klar zu formulieren (am besten schriftlich vorbereitet!). Folgende Fragen müssen für die Akteure geklärt sein, bevor das Spiel beginnt:
- Wer bin ich?
- Wo bin ich?
- Was will bzw. soll ich tun?

6. Einzelne eine Verkleidung andeutende Kleidungsstücke oder zumindest deutlich sichtbare Rollenschilder sind hilfreich. Sie bieten den Spielern zum einen größeren Rollenschutz, zum anderen bessere Identifikationsmöglichkeiten und fördern damit die Lebendigkeit des Spiels. Auch können Möbel des Klassenzimmers zu Requisiten umfunktioniert werden. Schließlich kann eine vorbereitete, mit dem →Overhead-Projektor an die Wand projizierte Folie den Hintergrund (z. B. eine Landschaft) darstellen.

7. Für das eigentliche Spiel ist im Klassenzimmer genügend Raum zu schaffen, so dass sich die Spieler frei bewegen können. Zudem sind für die Nichtspielenden Zuschauerplätze bereitzustellen.

8. Wenn irgend möglich sind Störungen von außen während des Spiels zu vermeiden (Schild an der Klassentür: Bitte nicht stören). Falls wider Erwarten der Lehrerin eine (weitere) Anweisung während des Spiels unbedingt erforderlich erscheint, muss sie diese als neue Mitspielerin einbringen.

9. Es ist darauf zu achten, dass während des Schuljahres alle Schüler, die spielen möchten, etwa gleichmäßig berücksichtigt werden (am besten führt die Lehrerin im Notenbuch eine kleine Extraliste). Zum Spielen selbst darf aber nur eingeladen, nicht gezwungen werden. Bei der Besetzung der Rollen ist die emotionale Überforderung von Schülern zu vermeiden (so sollten z.b. nur stabile, in der Klasse gut angesehene Schüler eine negative Rolle übernehmen).

10. Rollenspiele sind nach dem eigentlichen Spiel konzentriert zu besprechen:
–   Zuerst sollten die Spielenden Gelegenheit erhalten, ihre Gefühle in der Rolle zu formulieren. Dabei ist wegen des Rollenschutzes unbedingt darauf zu achten, dass die Spielenden im Nachgespräch nur mit ihren Rollennamen angesprochen werden (sie sollten deshalb auch ihre Verkleidung noch anbehalten).
–   Dann beginnt ein gelenktes Unterrichtsgespräch, in dem die Beobachtungen der Zuschauer nach bestimmten, für das Thema wichtigen Fragehinsichten gesammelt werden. Um diese Besprechung ergiebiger zu machen, ist es manchmal empfehlenswert, vor dem Beginn des Spiels (während die Spieler sich auf ihre Rollen vorbereiten) an die zuschauenden Schüler bestimmte Beobachtungsaufgaben zu vergeben. Deren Ergebnisse müssen dann aber explizit abgerufen werden.

11. Häufig genügt nicht ein einmaliges Spiel, weil bestimmte Problem-horizonte noch zu wenig zum Tragen kamen oder weil noch weitere Schüler gerne spielen möchten. Bei einem zweiten Durchgang (keiner bloßen Wiederholung!) ist aber darauf zu achten, dass die Ergebnisse der Nach-besprechung Berücksichtigung finden.

12. Rollenspiele sind eine ausgezeichnete Methode, um die affektiven Seiten und den direkten Lebensbezug von Themen unmittelbar erfahrbar zu machen. Sie setzen aber eine Vertrautheit zwischen den Schülern unter-einander sowie mit der Lehrerin voraus und sind sehr störanfällig, also nicht in jeder Klasse möglich. Dazu nimmt in manchen Klassen die Spielfreude mit wachsendem Alter ab (Verunsicherung durch pubertäre Veränderungen).

Literatur:

Bubenheimer, U., Spielformen, in: Adam, G., Lachmann, R. (Hg.), Methodisches Kompendium für den Religionsunterricht 1, Göttingen [4]2002, 327–349

Frör, H., Spielend bei der Sache, München [11]1993 (Fundgrube von unmittelbar praktischen Anregungen)

**Beispiel A:**

## Durchzug durch das Schilfmeer

Personen:     Der Erzähler          Ein Soldat
              Der Pharao            Erster Sklave
              Sein Hofmarschall     Zweiter Sklave

*Erzähler:* Wir befinden uns am Hof des Pharao. So hieß vor langer Zeit der König von Ägypten. Er war einer der mächtigsten Herrscher der Welt. Alles Land in Ägypten und alle Untertanen gehörten ihm. - Eines Tages gab es große Aufregung am Hof des Pharao. *(Erzähler tritt beiseite)*

*Pharao (zunächst allein. Geht auf und ab, dann kommt der Hofmarschall hinzu):* Hat man noch keine Nachricht über die geflohenen Israeliten? Wo bleiben meine Soldaten, die sie einfangen sollten?

*Hofmarschall (verneigt sich tief):* Unsterblicher Pharao, erzürne nicht. Die Soldaten hatten kein Glück. Einer von ihnen ist zurückgekehrt. Wenn du es befiehlst, will er dir berichten.

*Pharao (nickt)*

*Hofmarschall (holt den Soldaten)*
*Soldat (kniet nieder und verneigt sich tief):* Unsterblicher Pharao, mächtiger König und Gott! Ein unglücklicher Diener kniet vor dir und bittet um Gnade.

*Pharao:* Steh auf und berichte!

*Soldat (steht auf):* Wie du befohlen hast, haben wir die Israeliten verfolgt. Hundert Streitwagen waren gegen sie ausgezogen. Am dritten Tag konnten wir die Israeliten vor uns sehen. Es war bei den Sümpfen am Schilfmeer. Die Flüchtlinge hatten auf einer leichten Anhöhe ihr Lager aufgeschlagen. Die Sümpfe aber waren fast trocken, als wir ankamen. Deshalb wollten wir durch die Sümpfe zum Lagerplatz der Israeliten ziehen.

*Pharao:* Natürlich, aber warum habt ihr sie nicht eingefangen?! Es waren doch nur ein paar Hundert! Die meisten hatten keine Waffen!

*Soldat:* O Pharao, wir waren gerade mitten in den Sümpfen, da begann das Wasser zu steigen. Unsere Wagen blieben im Schlamm stecken. Wir Soldaten sprangen ab und versuchten uns zu retten. Aber das Wasser stieg und stieg. Alle Pferde und die meisten meiner Kameraden ertranken im Wasser. Nur fünf konnten ihr Leben retten, darunter auch ich, dein unwürdiger Diener.

*Pharao:* Und die Israeliten, sind sie wenigstens auch ertrunken?

*Soldat:* Nein, großer Pharao. Die Israeliten hatten sich auf festem Land gelagert. Sie leben noch alle. *(Pause)*

*Pharao:* Eine unglückliche Nachricht bringst du. - Aber in meiner Güte will ich dich nicht bestrafen. Du kannst wieder gehen.

*Soldat (verneigt sich und geht)*

*Pharao (zum Hofmarschall):* Die Israeliten waren gute und billige Arbeiter. Und jetzt wissen wir nicht einmal, ob sie wiederkommen.

*Hofmarschall:* Da sind noch zwei ägyptische Sklaven. Sie waren mit den Israeliten geflohen, sind aber heute zurückgekommen. Vielleicht können sie dir Auskunft geben.

*Pharao:* Hole sie herein und frage sie aus. Ich will zuhören.

*Hofmarschall (geht ab und kommt mit den Sklaven wieder)*

*Sklaven (knien sich hin und verneigen sich tief vor dem Pharao)*

*Hofmarschall:* Ihr seid aus unserem Land geflohen. Ihr wisst, dass ihr damit ein schweres Verbrechen begangen habt. Über eure Schande aber entscheiden wir später; erzählt uns jetzt, was am Schilfmeer geschehen ist!

*Erster Sklave:* Auf der Flucht waren wir mit den Israeliten ans Schilfmeer gekommen. Damals dachten wir schon: Jetzt sind alle Gefahren vorbei; wir können in Ruhe weiter nach Süden ziehen. Da sehen wir eines Tages von weitem die Streitwagen unseres großen Königs. Viele Streitwagen und Pferde! Und sie kommen immer näher. Wir alle erschrecken und haben Angst, dass uns die Soldaten einfangen. Einige Männer rufen laut ihren Gott um Hilfe an, die Frauen jammern und weinen. Es war schrecklich!

*Hofmarschall:* So ausführlich wollen wir es nicht wissen. *(Zum anderen Sklaven):* Erzähl du weiter, aber etwas kürzer!

*Zweiter Sklave*: Am Tag ehe die Soldaten kamen, hatte ein kräftiger Sturm viel Wasser aus den Sümpfen ins Meer getrieben. Deshalb konnten die Soldaten auf dem kürzesten Weg durch die Sümpfe zu uns fahren. Aber plötzlich hat der Sturm aufgehört. Wir haben es vor lauter Angst zuerst nicht gemerkt. Das Wasser zog sich jetzt vom Meer wieder in die Sümpfe zurück. Die Soldaten kamen nicht mehr weiter. Ich glaube, sie sind alle ertrunken. *(Pause)*

*Pharao (schaut sie an):* Warum erzählt ihr nicht weiter?

*Erster Sklave:* Wir haben Angst vor deinem Zorn, großer Pharao!

*Pharao*: Ich will alles hören, was geschehen ist, und zwar wahrheitsgetreu!

*Zweiter Sklave*: Verzeih, großer König, aber wir waren glücklich, wir haben uns gefreut wie Kinder!

*Erster Sklave:* Alle Gefahr war vorüber. Die Israeliten sind auf die Knie gefallen und haben ihrem Gott gedankt. Dann haben sie Freudentänze aufgeführt. Einige haben auch gesungen, andere vor Freude geweint.

*Hofmarschall*: So schändlich habt ihr euch also benommen! Aber warum seid ihr nicht bei den Israeliten geblieben?

*Erster Sklave:* Wir haben gedacht: Der Gott der Israeliten hat so viele Streitwagen im Meer vernichtet. Vielleicht ist dieser fremde Gott ein Feind der Ägypter. Dann hätte er uns vielleicht auch getötet, wenn wir bei den Israeliten geblieben wären. Deshalb sind wir heimlich wieder nach Ägypten zurückgekehrt.

*Hofmarschall*: Geht nun wieder nach Hause zu euren Herren. Wenn der große König noch etwas von euch wissen will, werdet ihr gerufen.

*Erster Sklave:* Wir danken euch für eure Güte. *(Sklaven stehen auf und gehen)*

*Pharao*: Eine merkwürdige Geschichte, diese Flucht der Israeliten. - Wer baut jetzt nur unsere neuen Städte auf? *(Mit Hofmarschall ab)*

*Erzähler*: Wer den Ägyptern von da an die neuen Städte gebaut hat, wissen wir nicht. Vielleicht sind die Gespräche am Hof des Pharao auch ein wenig anders gewesen. Wir wissen es nicht genau, denn inzwischen sind über dreitausend Jahre vergangen. Eines aber wissen wir ganz sicher: Die Israeliten sind am Schilfmeer vor ihren Feinden gerettet worden. Sie haben noch lange davon erzählt. Und später haben Priester diese Geschichten aufgeschrieben und dabei ausgeschmückt. (*ab*)

1. Thematische Einordnung: Dieses Rollenspiel kann bei der Behandlung des Exodus in der 5./6. Klasse eingesetzt werden. Es kann auch z. B. bei der Durchnahme des 1. Gebots zur Wiederholung und Vertiefung bereits früher Gelernten dienen.

2. Dieses gebundene Rollenspiel eignet sich gut zur Einführung der Methode des Rollenspiels überhaupt. Im Text sind sogar die wichtigsten Gesten o. ä. angegeben. Allerdings müssen die Spieler gut und flüssig lesen können (sonst eventuell vorbereitendes Lesen als Hausaufgabe).

Quelle: Modelle für den Religionsunterricht 3, Auszug aus Ägypten (Exodus), Stuttgart u. a. [4]1972, 17f.

## Beispiel B:

### Entscheidungsspiel

S. das Beispiel B bei →Gruppenarbeit.

Unter dem Gesichtspunkt der Methode Rollenspiel ist bei diesem Beispiel hervorzuheben, dass die unmittelbar aus der Erfahrungswelt der Schüler stammende Thematik eine engagierte Spielweise erhoffen lässt. Um aber nicht zu starke Identifikationen (die ein späteres Gespräch belasten könnten) hervorzurufen, sollten die Rollen der Jugendlichen in einer gewissen Differenz zu deren tatsächlicher Situation gestaltet werden (etwa hinsichtlich des Alters, der sozialen Schicht u. ä.).

# Schülerreferat

0. Grundansatz: Die Mündigkeit der Schüler ist aus pädagogischen und theologischen (sich aus dem allgemeinen Priestertum aller Gläubigen herleitenden) Gründen ein zentrales Bildungsziel. Dazu gehört auch, dass die Schüler befähigt werden, sich nach einer gewissen Vorbereitung in Form eines Referats vor Zuhörer(inne)n zusammenhängend zu äußern.

1. Das Schülerreferat ist eine Methode vor allem für die höheren Klassen der weiterführenden Schulen. Es kann aber schon ab etwa der 5./6. Klasse dadurch vorbereitet werden, dass einzelne Schüler gebeten werden, kurz über einen Artikel in einer Zeitung, einen Film o. ä. zu berichten bzw. das Ergebnis einer Internet-Recherche zu präsentieren.

2. Das Schülerreferat bietet die Möglichkeit zur Differenzierung im Lernprozess. Besonders interessierte und begabte Schüler können durch die Vergabe eines Referats zusätzlich gefördert werden. Darüber hinaus hat – abgesehen von der Vorbereitung auf die Studierfähigkeit – das Schülerreferat für die Schüler besonderes Gewicht, die Religion als mündliches Abiturfach (oft verbunden mit einem Kurzreferat) wählen.

3. Dem Schüler wird von der Religionslehrerin (am besten auf einem eigenen Blatt)
 – die exakte Themenstellung,
 – eine klar abgegrenzte Textgrundlage (auch hinsichtlich Websites),
 – der Umfang, die zur Verfügung stehende Vorbereitungszeit angegeben. Insgesamt sollte ein Schülerreferat 15 Minuten Dauer nicht übersteigen. Eine Überforderung der Schüler und ihrer Zuhörer ist zu vermeiden (→Hausaufgaben).

4. Erfahrungsgemäß können – ein großes Problem vor allem bei der Arbeit mit dem Internet – nur wenige Schüler zwischen Wichtigem und Unwichtigem unterscheiden. Dadurch kommt es – ohne Hilfestellung – oft zu sehr langen, stofflich überfrachteten Vorträgen, die von der Klasse kaum aufgenommen werden. Es empfiehlt sich deshalb (auch um Überraschungen wegen „Erkrankung" zu vermeiden), sich die schriftliche Ausarbeitung (Höchstumfang: drei DIN-A4-Seiten, auch im Abiturjahrgang) einige Tage vorher geben zu lassen und mit dem Schüler gründlich durchzusprechen (z. B. lange Sätze kürzen; Nebensächliches streichen; sachlich Falsches oder

Ungenaues korrigieren; Vorschläge zur Präsentation diskutieren).

5. Eine sinnvolle Integration des Referates in den sonstigen Unterricht hat das Verstehen des Vorgetragenen durch die Zuhörer als Voraussetzung. Hierzu ist ein möglichst freier Vortrag förderlich, unterstützt nur durch einen Stichwortzettel und eventuelle Folien oder ein Arbeitsblatt. Weiterhin können die Gliederung bzw. wichtige Ausdrücke als Tafelanschrift oder auf Folie den Nachvollzug erleichtern.

6. Trotz der hier empfohlenen, zugegebenermaßen für die Lehrerinnen mühsamen Vorbereitung eines Schülerreferats wird es sich nicht vermeiden lassen, dass manche Referate vor allem dem Vortragenden, weniger aber der Klasse nützen. Deshalb sollten im Laufe eines Schuljahres nicht zu viele Referate vergeben werden.

7. Die beste Vorbereitung für Schülerreferate sind – via Beobachtungslernen – gut vorbereitete Lehrerinnenvorträge.

Literatur:
Böbel, F., Didactica concreta. Überlegungen und Ratschläge zur Praxis des Religionsunterrichts (Arbeitshilfe für den evangelischen Religionsunterricht an Gymnasien Themenfolge 89), o. J. (1989), 90–93

*Beispiel A:*

| Referatthema | Das Leben Dietrich Bonhoeffers |
|---|---|
| Literatur | Artikel über D. Bonhoeffer in einem großen mehrbändigen Lexikon Eberhard Bethge, Bonhoeffer, Reinbek b. Hamburg 2005 (22. Aufl.), rororo-monographie 236 |
| Referatumfang | höchstens drei DIN A 4-Seiten |
| Vorlagetermin | ... |
| Materialblatt | die zehn wichtigsten Lebensdaten bzw. Ereignisse in B.s Leben |
| Besprechungstermin | ... |
| Vortragstermin | ... |

1. Thematische Einordnung: Im Kurs „Anthropologie" der 12. Klasse sollte ein Text Bonhoeffers zum Gewissensbegriff bearbeitet werden. Als Motivation und Erklärungshilfe hierzu diente die Beschäftigung mit Bonhoeffers Biografie. Die Vorbereitungszeit für das Referat betrug 14 Tage.

2. Einen ersten Einstieg ermöglicht der Lexikonartikel (je nach Schülerbibliothek ist hier ein konkretes Lexikon, in der Regel wohl Brockhaus oder Meyer, aber auch Wikipedia zu nennen). Zur genaueren Information eignet sich die angegebene rororo-Monographie aus zwei Gründen sehr gut: sie ist sehr anschaulich (mit vielen dokumentarischen Bildern) gestaltet und von einem ausgewiesenen Fachmann verfasst, der sich mit einem größeren Werk zu diesem Thema einen Namen gemacht hat.

*Beispiel B:*

| Referatthema | Voodoo-Kult |
|---|---|
| Literatur | Geo 11/1981, 138–146 |
| Referatumfang | höchstens 1,5 DIN A 4-Seiten |
| Vorlagetermin | ... |
| Besprechungstermin | ... |
| Vortragstermin | ... |

1. Thematische Einordnung: Im Themenbereich „Fremdreligionen" wurde in der 9. Klasse auf Schülerwunsch der Voodoo-Kult besprochen. Das Referat dient – in direktem Anschluss an ein von der Lehrerin gezeigtes Impulsbild – zur ersten Begegnung mit dieser Religion. Die Vorbereitungszeit betrug eine Woche.

2. Die Literaturgrundlage umfasst – abzüglich des sehr interessanten Bildmaterials – nur drei Seiten Text. Durch den Hinweis auf einen (im Niveau gehobenen) Illustrierten-Artikel werden die Schüler darauf aufmerksam gemacht, dass „Religion" auch ein Thema außerhalb der Schule ist.

# Singen

0. Grundansatz: Gesang ist als artikulierte Äußerung von Emotionen von alters her ein zentraler Bestandteil religiösen Kultes. In Liedern sind wichtige Erfahrungen evangelischen Glaubens enthalten, die sich in ihrer Fülle erst beim Singen erschließen. Allerdings stellt das durch die Ausbreitung von Tonträgern gegebene neue distanzierte Verhältnis vieler Menschen zum eigenen Gesang vor erhebliche pädagogische Probleme.

1. Lieder finden im Religionsunterricht vor allem in unteren Klassen als Impulse, Vertiefungen oder Zusammenfassungen Verwendung. Auch ist in Klassen, die gerne singen, der regelmäßige Gesang, etwa am Anfang der Stunde, zu begrüßen. Eine solche Ritualisierung ermöglicht im Lauf der Zeit ein starkes Gefühl der Zusammengehörigkeit.

2. Nach der 6. bis 7. Jahrgangsstufe lehnen viele Schüler (und vielleicht auch Schülerinnen) das Singen ab. Dies liegt z. T. an zu hohen Ansprüchen, die durch die perfekte Musikproduktion auf Tonträgern gefördert werden, aber in der Pubertät auch an Unsicherheit (Stimmbruch). Auf keinen Fall sollte eine Klasse zum Singen gezwungen werden. Wenn die Lehrerin selbst gerne und gut singt, wird sie immer wieder zum gemeinsamen Singen einladen. Vielleicht ist auch die Musiklehrerin zu einer Kooperation bereit. Besonders Gospel-Songs mit ihrer eingehenden Rhythmik und ihren religiös geprägten Texten eignen sich für ältere Schülerinnen (seltener Schüler).

3. Folgendermaßen können Lieder eingeübt werden:

*Erste Phase:* Vorsingen durch die Lehrerin (eventuell mit Schülern, die das Lied schon kennen; ersatzweise Vorspielen einer Kassette/CD mit möglichst einfachem Arrangement).
*Zweite Phase:* Singen einzelner (Sinn-)Abschnitte.
*Dritte Phase:* Singen des ganzen Liedes (mit Wiederholen zum →Memorieren).
*Vierte Phase:* Erklären schwieriger Worte o. ä., eventuell auch schon nach dem ersten Vorsingen oder dem Singen einzelner Abschnitte.

4. Die Freude beim Singen und der Lernprozess hierbei können durch Bewegungen, Klatschen u. ä. vertieft werden. Die Begleitung durch ein Instrument (Flöte, Gitarre o. ä.), am besten von Schülern gespielt, belebt ebenfalls den Gesang einer Klasse.

5. In musikalisch begabten Klassen (etwa mit einem musischen Schwerpunkt) sind das Komponieren und Texten von Liedern zu einem vorgegebenen Thema oder einer biblischen Geschichte gute Aufgaben für →Gruppenarbeiten. Dies kann dadurch erleichtert werden, dass Melodie oder Text vorgegeben werden.

6. Der Gesang kann auch Religionsunterricht und Schulgottesdienst verbinden, wenn Klassen oder Gruppen mit im Religionsunterricht eingeübten Liedern als Chor im Schulgottesdienst fungieren. So kann der Religionsunterricht (auch) durch Singen einen Beitrag zur liturgischen Bildung leisten.

Literatur:

Jost, G., Negro Spirituals im evangelischen Religionsunterricht. Versuch einer didaktischen Verschränkung zweier Erfahrungshorizonte, Münster 2003 (mit CD)

Pirner, M. L., Musik und Religion in der Schule, Göttingen 1999 (umfassende, vorwiegend historische Hinweise zu einer grundsätzlichen Neubestimmung des Verhältnisses von Religions- und Musikpädagogik)

Schmitt, R., Musik und Spiel in Religionsunterricht und Jugendarbeit, Stuttgart u. a. 1983

***Beispiel:***

Tabellarische Übersicht über die Möglichkeiten der Liedgestaltung (nach Schmitt 39f.)

| Gestaltungsmöglichkeiten | Allgemeine Beispiele |
|---|---|
| *A) Gestaltung mit Stimmen* | |
| 1. Dynamische Differenzierungen | Strophenteile oder Strophen in unterschiedlicher Lautstärke |
| 2. Wechselgesang | Wechselnde Gruppen Wechselnde Solisten Gruppen und Solisten |
| 3. Mehrstimmiger Gesang | Backgroundchor auf melodischen Haupttönen Selbstständige zweite Stimme |
| *B) Gestaltung mit Instrumenten* | |
| 1. Körpereigene Instrumente | Klatschen oder Stampfen von Rhythmen |
| 2. Rhythmus- und Geräuschinstrumente | Rhythmischer Ostinato von ein bis zwei Takten Länge Geräusche analog zum Inhalt |
| 3. Melodie- und Harmonieinstrumente | Begleitung mit Flöte, Gitarre, Klavier o. a. Akkordbegleitung |
| *C) Gestaltung durch Darstellung* | |
| 1. Bewegung | Typische Körper und Handbewegungen |
| 2. Tanz | Verschiedene Tanzschritte einzeln, paarweise oder in Gruppen |
| 3. Szenische Darstellung | Schattenspiel, Puppenspiel, Bilderfolge, Darstellung des Inhalts durch Personen, Masken u. a. |
| *D) Gestaltung durch Erweiterung oder Veränderung* | |
| 1. Vor-, Zwischen- und Nachspiel | Rhythmisch oder melodisch, mit Stimmen oder Instrumenten |
| 2. Neue Strophen | Aktualisierung durch Gegenwartsbezug des Textes |
| 3. Musikalische Improvisationen und Veränderungen | Rhythmus oder Melodie verändern Lied durch eigene Teile erweitern Stimmliche und instrumentale Improvisationen |

# Tafelanschrift

1. Die Tafelanschrift ist eine allen Schülern vertraute Methode, die wenig störanfällig (nur Ersatzkreide bereithalten für den Fall nasser oder „verschwundener" Kreide!) und in jeder Unterrichtsphase einsetzbar ist.

2. Viele Tafeln sind dreigeteilt (sog. Flügeltafeln). Hier ist, um den Schülern die Unterscheidung von Wichtigerem und weniger Wichtigem zu erleichtern, bei der Tafelanschrift zwischen dem Inneren der Tafel (Korpus) und den beiden Flügeln (auch „Tafelohren" genannt) zu unterscheiden. Das Beschreiben der beiden äußeren Tafelteile dient nur der kurzfristigen Merkhilfe (z. B. bei Brainstorming; Anschreiben eines schwierigen Wortes oder Namens); das langfristig zu Merkende und dann auch ins Heft zu Übertragende (→Hefteintrag/-führung) hat seinen Platz im Tafelinneren.

3. Die Beschriftung des Tafelinneren ist genau vorzubereiten und übersichtlich zu gestalten (vgl. zum Einzelnen auch die Hinweise bei →Hefteintrag/-führung), denn es gilt für die Schüler als von der Lehrerin autorisierter Lernstoff.

4. Die Tafelanschrift sollte gut lesbar sein. Mit geringer Übung kann man sich erstaunlich schnell eine gute Tafelhandschrift aneignen. Vor allem die Buchstaben müssen hinreichend groß sein, damit auch etwas sehbehinderte Schüler das Tafelbild gut lesen können. Das Schriftbild wird, wenn nicht Druckschrift verwendet wird, dadurch schöner, dass die Abstriche etwas verstärkt werden. Dazu sind an der Tafel genau die farbigen Unterstreichungen und Gliederungen vorzunehmen, die im Hefteintrag gewünscht werden und die Einsicht in Zusammenhänge und das Lernen erleichtern sollen.

5. Weil die Lehrerin bei der Tafelanschrift der Klasse den Rücken zuwenden muss, kann eine zu häufige und lang dauernde Verwendung der Tafel in disziplinär schwierigen Klassen problematisch sein. Dann empfiehlt sich stattdessen der Einsatz des →Overhead-Projektors.

6. Bei der Sammlung von Begriffen, dem Zusammentragen von in der Hausaufgabe Erarbeitetem o. ä. können die Schüler ihre im Unterrichtsgespräch genannten Beiträge selbst anschreiben. Dies unterstreicht, dass gerade im Religionsunterricht die Schüler nicht nur von der Lehrerin, son-

dern auch gegenseitig voneinander lernen können. Allerdings muss die Lehrerin darauf achten, dass nicht Unwichtiges, keine orthografischen Fehler o. ä. stehen bleiben.

Literatur:

Büttner, G., Dem Wesen der Sache Gestalt verleihen. Tafelbild und Tafelanschrieb im RU der Sekundarstufe I und II, in: Lenhard, H., Hg., Arbeitsbuch Religionsunterricht, Gütersloh [3]1996, 168–174

Fleckenstein, W., Die Funktion des Tafelbildes im (Religions-)Unterricht, in: Katechetische Blätter 120 (1995), 198–205

## *Beispiele*

s. Beispiele bei →Hefteintrag/-führung

# Textarbeit

0. Grundansatz: Christlicher Glaube ist wesentlich auf die Zeugnisse der Bibel und deren Auslegung in der Kirche bezogen. Zudem vollzieht sich die geistige Auseinandersetzung in unserer Kultur – nach wie vor – vor allem in und durch schriftliche Äußerungen. Deshalb haben Texte im Religionsunterricht große Bedeutung.

1. Die Auswahl von Texten ist – neben sachlichen Gesichtspunkten – an der Auffassungsgabe der Schüler zu orientieren. Auf jeden Fall ist darauf zu achten, dass möglichst wenige (und nur sachlich wichtige) Fremdwörter vorkommen, die genau – auch in ihrer Herkunft – zu erklären sind. Zudem sollte der Satzbau möglichst übersichtlich sein.

2. Einer schnell aufkommenden Textmüdigkeit ist dadurch zu begegnen, dass dem unterschiedlichen Charakter von Texten methodisch Rechnung getragen wird. Grundsätzlich lassen sich im Religionsunterricht
- biblische,
- sach- und problemorientierte,
- literarische (bis hin zur Lyrik)
Texte unterscheiden.

3. Biblische Texte sind nach Möglichkeit (ab der 5. Jahrgangsstufe) in der Bibel selbst nachzulesen. So werden die Schüler in selbstständige Bibellektüre eingeübt und zugleich auf die besondere Bedeutung der Bibel – gegenüber anderen Texten – aufmerksam. Dazu gehört als Grundfertigkeit, dass biblische Texte (mittels des Inhaltsverzeichnisses) möglichst rasch gefunden werden. Dies sollte – etwa im Zusammenhang mit einer Einführung in die Bibel – eigens geübt werden (und macht in der Regel Zehn- bis Elfjährigen Freude).

Besonders günstig ist es, wenn Schüler über eigene Bibeln verfügen, in die sie auch Eintragungen schreiben und sie so zu ihrem „eigenen" Buch machen können. Hier hat sich bewährt, in der 5. Klasse – unter Hinweis auf den folgenden Konfirmandenunterricht (Abstimmung mit Pfarrer[in] wegen Bibelausgabe!) – die Bibel als mögliches Weihnachtsgeschenk zu empfehlen (Alternative: Sponsoren suchen).

4. In den höheren Klassen der weiterführenden Schulen ist der kritische Umgang mit Sachtexten, vor allem theologischer und philosophischer Her-

kunft, einzuüben. Als Vorbereitung hierzu dient bei der formalen Textbearbeitung:

- Unterstreichen mit verschiedenen Farben (→Hefteintrag/-führung 2.);
- Kennzeichnen von sachlich fraglichen (= ?) bzw. nicht verstandenen (= ??) Stellen am Rand;
- Markieren von sehr wichtigen Stellen (= !)

5. Zur weiteren Durchdringung eines Textes in sachlicher Hinsicht haben sich von der Lehrerin formulierte Erschließungsfragen bewährt, etwa:
- Wie ist der Text aufgebaut? Welche Überschriften könnten den einzelnen Abschnitten gegeben werden? Finden sich logische Sprünge?
- Welche Begriffe sind zentral?
- Was will der Verfasser/die Verfasserin sagen? (Zusammenfassung der Kernaussage in zwei bis drei Sätzen)
- Gegen welche Auffassungen richtet sich die Verfasserin/der Verfasser?

Im Einzelnen empfiehlt es sich, sich bei den Kollegen anderer Fächer, in denen ebenfalls Texte behandelt werden (etwa in Deutsch), nach den dort verwendeten Methoden zur Textanalyse zu erkundigen.

6. Verzögertes Lesen kann verhindern, dass Wichtiges zu schnell überlesen wird. Hierzu werden (als Lückentext) wichtige Passagen oder Halbsätze o. ä. ausgelassen. Sie sind von den Schülern zu ergänzen. Außerdem gibt die moderne Computertechnologie durch die verschiedenen Schrifttypen u. ä. zahlreiche Möglichkeiten, durch grafische Mittel die Texterschließung zu fördern.

7. Schließlich haben im Religionsunterricht auch literarische Texte bis hin zur Lyrik ihren Platz. Ihre Behandlung ist deutlich von der anderer Texte zu unterscheiden. Meist empfiehlt sich als Einführung ein mündlicher Vortrag. Es gilt eine instrumentelle Verzweckung, die dem Wesen der Dichtung widerstrebt, zu vermeiden, d. h. es muss dem Eigenwicht solcher Texte Rechnung getragen werden (häufig Spannung zu Lernzielen!).

8. Die Arbeit mit Texten ist eine konzentrierende Methode und deshalb auch für disziplinär schwierige Klassen geeignet. Allerdings besteht bei zu häufiger Verwendung die Gefahr einer einseitig kognitiven Ausrichtung des Unterrichts. Auch werden Schüler, die nicht gerne lesen, an den Rand gedrängt.

Literatur:

Kliemann, P., Impulse und Methoden, Stuttgart 1997, 66–82 (mit wichtigen Hinweisen zum Deutschunterricht)

Kurz, H., Methoden des Religionsunterrichts, München 1984, 51–77

Langenhorst, G., Bibel und moderne Literatur: Perspektiven für Religionsunterricht und Religionspädagogik, in: Religionsunterricht an höheren Schulen 39 (1996), 288–300 (mit zahlreichen Literaturangaben in den Anmerkungen)

Schmidt, H., Methoden des Religionsunterrichts in der Sekundarstufe II: Gymnasiale Oberstufe, in: Adam, G., Lachmann, R. (Hg.), Methodisches Kompendium 1, Göttingen [4]2002, 408–413

*Beispiel A:*

## APOTHEKE VITA NOVA

Es war ein abgegriffener Zettel, den Munnicher dem einarmigen Apotheker hinhielt. Munnicher trug das aus einem Notizbuch gerissene Blatt schon seit Wochen in der Jackentasche und hatte oft danach gegriffen. Ein paar Gifte standen darauf. Pflanzenschutzgifte, die Erwachsenen ohne Umstände
5 verkauft werden. Munnicher wollte das Gift nicht für Pflanzen. Munnicher wollte es für sich, für die zertretene, weggeworfene Menschenpflanze Munnicher. Er war in diese abgelegene Apotheke gegangen, weil er in den kaltprächtigen Medikamentenpalästen aus Plastikmasse, Nickel und Neon seinen Wunsch nicht vorbringen mochte.
10 „Eins davon", sagte er.
Der Apotheker schaute Munnicher vom zurückweichenden Haaransatz bis zum nachlässig gebundenen Schlips an.
Er merkt, dass ich aus dem Gefängnis komme, dachte Munnicher. Er sieht es an dieser ausgebleichten Haut, in der jede Pore drei Jahre lang nach
15 Sonne geschrieen hat. Aber heute nacht kommt die Sonne ja, dachte er. Dann kommt die große Helle von innen.
„Sind aber verschieden stark", sagte der Apotheker.
„Das stärkste", verlangte Munnicher.
Der Apotheker nickte und stieg auf eine Leiter. Bei jeder Stufe ruderte er
20 mit dem rechten Arm durch die Luft. Sieht komisch aus, wenn ein Ein-armiger 'ne Leiter raufsteigt, dachte Munnicher. Der Alte kramte in einigen Paketen. Munnicher fühlte sich beobachtet. Aber der Alte schaute nur auf seine Fläschchen und Schachteln. Da sah Munnicher das Mädchen hinter der Waage im angrenzenden Raum. Er sah es durch die geöffnete Tür. Er
25 sah, wie es blaue Tütchen mit hellrotem Pulver füllte und abwog. Das Mädchen - achtzehn ist es, dachte Munnicher – ließ die Waage auszittern und tat nichts. Es schaute Munnicher an. Man erkennt von hier aus, dass es braune Augen hat; wieso erkennt man das von hier aus, fragte sich Munnicher betroffen.
30 Er hob ein wenig die Hand und winkte. Seh' sicher aus wie ein Pinguin, dachte er. Aber da hob das Mädchen das blaue Tütchen und winkte auch.
Der Alte ruderte die Leiter wieder herunter. „Hier", sagte er. „Mit vier Liter Wasser verdünnen."
„Werd's schon richtig machen", sagte Munnicher.
35 „Klar", sagte der Alte. „Fünfsechzig."
Munnicher zahlte. Er wollte noch einmal zu dem Mädchen hinüber-schauen, aber der Einarmige verdeckte die Tür. Munnicher war versucht,

noch eine Schachtel Hustenbonbons oder so etwas zu verlangen, nur damit der Alte ihm aus der Sicht ging.

40 Dann dachte er: Mätzchen! Früher hätte ich so etwas gemacht. Ganz früher. Vor drei Jahren. Er ging.

„Wiederschauen", sagte der Einarmige leirig.

Munnicher hatte sich auf das Bett gelegt. Er trank die braune Flüssigkeit. Schmeckt pappig, dachte er. Ich habe immer geglaubt, das Zeug ätzt und

45 würgt. Aber es schmeckt pappig. Schmeckt pappig im Hals, doch nicht im Magen. Merkst du's, Munnicher, dachte er und legte sich auf die Seite. Merkst du, wie dein Magen zerfressen wird? Ich hätte mich vorher noch rasieren sollen. Wenn morgen einer vom Bestattungsinstitut in meinem kalten Gesicht umherwirkt? Pfui Teufel! Rasieren hätte ich mich sollen,

50 dachte er. Stundenlang dachte er es.

Der Morgen hatte die alte Apotheke nicht viel heller gemacht. Munnicher war noch immer nicht rasiert, als er den Apotheker fragte.

„Was haben Sie mir da für ein verdammtes Zeug angedreht?"

„Wasser", sagte der Alte. „Wasser mit einem Schuss Gurgellösung,

55 gegen Mandelentzündung."

„Was sollte das?" fragte Munnicher.

„Ja, was sollte das?" fragte der Einarmige und ließ ihn nicht mit dem Blick los.

Munnicher senkte den Kopf.

60 „Ich verkaufe keine Gifte in meiner Apotheke", sagte der Alte. „Von hundert Verkäufen kriege ich nur vierzehn Reklamationen. Das ist doch ein gutes Verhältnis, nicht wahr? Hundert Leute tragen Wasser statt Gift nach Hause, und nur vierzehn beschweren sich. Und diese vierzehn schicke ich woandershin, wenn sie wollen. Manche wollen nicht mehr. Das Geld be-

65 kommen sie natürlich wieder zurück. Auch Sie."

Der Alte schlurfte zur Leiter. Munnicher schaute wieder durch die Verbindungstür. Das Mädchen war nicht da. Im Spiegel fing sich umgekehrt der Name der Apotheke: „Vita Nova" hieß sie.

„Wollen Sie noch etwas?" fragte der Alte.

70 „Ja", sagte Munnicher. „Hustenbonbons."

Erschließungsfragen:
- Ist Munnicher fest zum Selbstmord entschlossen, als er das erste Mal in der Apotheke ist? (Begründung!)
- Der Verfasser sagt uns Näheres über die Gründe von Munnichers Selbstmordversuch: …
- In Deutschland töten sich jedes Jahr über 10 000 Menschen; können Sie sich vorstellen, aus welchen Motiven?

1. Thematische Einordnung: Dieser literarische Text wurde zur Einführung in einer Unterrichtseinheit über „Suizid" in der 10. Jahrgangsstufe verwendet.

2. Wegen der Prägnanz und Dichte sollte die Lehrerin den Text selbst vorlesen. Anschließend kann er zur vertieften Weiterarbeit in einer Einzelarbeit als Materialblatt ausgegeben werden. Die ersten beiden Fragen sollen die Schüler für die Zerrissenheit und Irrationalität eines Suizidanten sensibilisieren. Die dritte Frage führt den Unterrichtsverlauf vom Text her weiter (s. auch →Hefteintrag Beispiel B).

Quelle: Reding, J., Nennt mich Nigger, Recklinghausen 1978

*Beispiel B:*

## DAS KATHOLISCHE LEHRAMT

Jesus Christus hat der von ihm gestifteten Kirche das geoffenbarte Glau-
bensgut anvertraut, damit diese es unter dem ständigen Beistand des Hl.
Geistes heilig bewahre und getreu darlege. Dieser Aufgabenkreis wird
gemeinhin mit kirchlichem <u>Lehramt</u> bezeichnet, wobei man sich bewusst
5      bleiben muss, dass es sich hier nicht um ein Amt im rechtlichen Sinn
(Kirchenamt), sondern um einen Dienst der Kirche handelt. Der kirchlichen
Lehraufgabe entspricht eine <u>Lehrgewalt</u>; denn die Darlegung der Glaubenslehre verpflichtet nicht bloß kraft der inneren Einsicht in die vorgetragene
Lehre, sie bringt vielmehr für die Kirchenglieder eine rechtliche Annahme-
10     pflicht, sooft und sofern eine Glaubenslehre als geoffenbarte Wahrheit
verbindlich vorgelegt wird.

Träger der Lehrgewalt sind der Papst als Nachfolger des hl. Petrus und in
Nachfolge des Apostelkollegiums das Kollegium der Bischöfe, aber nur in
15     Verbindung mit dem Papst als seinem Haupt. Die Ausübung der Lehrgewalt
erfolgt durch die ständige, einstimmige und autoritative Lehrverkündigung
der mit dem Papst in Frieden und Gemeinschaft lebenden Bischöfe, in
feierlicher Weise allein durch die zu einem Ökumenischen Konzil ver-
sammelten Bischöfe oder in einer Kathedralentscheidung des Papstes. Eine
20     definitive Lehrentscheidung liegt vor, wenn der Papst in seiner Eigenschaft
als oberster Hirt der Kirche eine für alle Kirchenglieder unbedingt verbind-
liche Entscheidung in Sachen der Glaubens- oder Sittenlehre trifft oder man
sicher erkennen kann, dass auf einem Ökumenischen Konzil eine Lehre
ausdrücklich als geoffenbarte Wahrheit verpflichtend verkündet wird. Der
25     Ortsbischof ist im Bereich seiner Teilkirche für die rechte Lehrverkündung
verantwortlich: Er erteilt die kanonische Sendung, überwacht die Lehrverkündigung, urteilt ggf. darüber, ob die von Einzelnen vorgetragenen
Lehren mit der Glaubenslehre der Kirche übereinstimmen, und übt bei Ver-
fehlungen die Kirchenzucht.

Erschließungsfragen:
- Welche unterschiedliche Autorität haben der Papst, die Bischöfe und die Laien in Fragen des Glaubens- und Sittenlehre?
- Welche Geltung haben Entscheidungen „ex cathedra" einerseits und Enzykliken andererseits?
- Welche Vor- und Nachteile sehen Sie in der Konzeption des katholischen Lehramtes?

1. Thematische Einordnung: Der Text wurde in dem Kurs „Sozialethik" in der gymnasialen Oberstufe bei der Behandlung katholischer Positionen verwendet. Zum Wesen der katholischen Kirche gehört ihre hierarchische Ordnung, in der der Papst als oberster Hirte, Richter und Lehrer die Spitze bildet. Als oberster Lehrer kann er „ex cathedra" („vom [Lehr]Stuhl aus") sprechen, d. h. zusammen mit oder auch unabhängig von den Bischöfen Lehrentscheidungen für die ganze Kirche treffen. Die Begründung und Relevanz dieser Hierarchie werden knapp und präzise in dem Lexikonartikel dargestellt.

2. Dieser (kirchenrechtliche) Informationstext wurde in Stillarbeit unter den angegebenen Erschließungsfragen bearbeitet. Dabei sollten die Schüler auf das recht differenzierte Verständnis von Lehramt in der römisch-katholischen Kirche aufmerksam werden. Ohne die Kenntnis hiervon sind nämlich aktuelle sozialethische Stellungnahmen aus der römisch-katholischen Kirche in ihrem Gewicht für die Gesamtkirche nicht zu verstehen.

Quelle: Mörsdorf, K., Art. Lehramt. Katholisch, in: Evangelisches Staatslexikon, Stuttgart [2]1975, 1471 (aufgenommen in: Grethlein, Chr., Verantwortliches Handeln des Christen angesichts der ökologischen Krise, Arbeitshilfe für den evangelischen Religionsunterricht an Gymnasien, Themenfolge 59, hg. von der Gymnasialpädagogischen Materialstelle der Evang.-Luth. Kirche in Bayern)

# Technisch vermitteltes Hören und Gestalten

0. Grundansatz: Fast alle Schüler besitzen heute Geräte zum Abspielen von Musik, z. B. MP3-Player, Handys und CD-Spieler, viele auch zur eigenständigen Konstruktion von Hörstücken. So integriert die Arbeit mit technisch vermittelten Hörbeispielen ein wichtiges Medium aus der Lebenswelt der Schüler in den Religionsunterricht. Dazu stellt sich inmitten einer stark visuell ausgerichteten Kultur ein gewisses elementarisiertes Gegengewicht dar, das stärker auditiv Wahrnehmenden entgegenkommt.

1. Die Medienstellen haben in der Regel eine große Zahl von Kassetten, CDs oder vielleicht elektronisch abrufbaren Aufnahmen zu biblischen, kirchengeschichtlichen und anderen Themen. Sie bieten mitunter eine gute Alternative zu Texten, Referat o. ä. Allerdings sollten auditive Medien unbedingt vor dem Einsatz im Unterricht abgehört werden. Nur so kann über ihre Eignung entschieden und gegebenenfalls eine kurze Einleitung (mit zu klärenden Begriffen, notwendigen Vorinformationen) vorbereitet werden. Auch sind eventuell mögliche Kürzungen und Zusammenschnitte zu bedenken.

Daneben gibt es noch Kassetten bzw. CDs in Verbindung mit Dias. Hier ist allerdings – neben Problemen, genau die Abfolge der Dias entsprechend dem Verlauf des Tons zu regulieren – zu prüfen, ob nicht Musik und Bilder sich gegenseitig in ihrer Wirkung mindern (bzw. durch einen geeigneten Video-Film oder eine DVD ein besserer Effekt zu erzielen wäre). Auch erscheint mir z. T. die Menge der hier angebotenen Bilder zu groß, um einen nachhaltigen Eindruck zu erwecken.

2. Moderne computerisierte Aufnahme-Geräte bieten – ähnlich dem Camcorder – die Möglichkeit, aktuelle Äußerungen und Ereignisse in den Unterricht einzubringen. Zudem strahlen die Radioprogramme – auch neben den Schulfunksendungen – häufig qualitativ sehr viel bessere Sendungen als das Fernsehen aus. Einzelne Schüler können solche Sendungen mitschneiden und im Unterricht vorstellen.

3. Für die Einführung in →Entspannungsübungen oder Meditation ist entsprechende Musik hilfreich. So können auch →Rollenspiele, freies →Malen o. ä. unterstützt werden. Allerdings ist darauf zu achten, dass die verbreitete

Musikberieselung nicht im Religionsunterricht Einzug hält. Vielmehr gilt es, die eingesetzte Musik nach ästhetischen Kriterien und dem Verwendungszusammenhang sorgfältig auszuwählen.

4. Neben diesen mehr passiven Rezeptionsformen bieten schon der Kassetten-Rekorder, jetzt der Computer gute Möglichkeiten zur aktiven Gestaltung, nämlich bei der Produktion von Hörspielen. Dies gilt vor allem für Vertiefungsphasen, etwa in Gruppenarbeiten. Als Voraussetzung für die Arbeit an einem Hörspiel müssen – wie beim →Rollenspiel (5.) – Klarheit über die Personen sowie Handlungsort und -zeit herrschen. Bei der ersten Einführung und bei längeren Hörspielen ist ein genaues Drehbuch unvermeidlich.

5. Die Gestaltung von Hörspielen eignet sich sehr gut als – freiwillige – Hausaufgabe für interessierte Schüler.

6. Insgesamt ist das Hören von auditiven Medien eine konzentrierende Methode, die auch in Klassen, die zur Unruhe neigen, möglich ist. Das Gestalten eines Hörspiels erfordert dagegen eine Klasse, die ruhig und konzentriert und zu besonderem Engagement bereit ist.

Literatur:
Schmitt, R., Musik und Spiel in Religionsunterricht und Jugendarbeit, Stuttgart u. a. 1983, 129–142

***Beispiel:***

***Der Prozess gegen Jesus***

Personen:

| | |
|---|---|
| *Ankläger* | *1. – 3. Richter* |
| *Jussuf* | *Nathan* |
| *Nachbar des Zolldirektors* | *Saul* |
| *Hannas* | *Schafverkäufer* |
| *Verkäufer* | *Mann mit der früher verkrüppelten Hand* |
| *Jüngling* | *Bartimäus* |
| *Zachäus* | *Erzähler* |

*Ankläger:*
Hohes Gericht! Ich klage Jesus, den Zimmermann aus Nazaret an. Er hat gegen das Sabbatgesetz und gegen das jüdische Frömmigkeitsgesetz in mehreren schweren Fällen verstoßen. Außerdem hat er Gott gelästert.
All diese Anklagepunkte kann ich durch Zeugenaussagen beweisen. Zum ersten: Jesus hat nachweislich zweimal gegen das Sabbatgesetz verstoßen. Gerichtsdiener, holen Sie den Zeugen Jussuf, den Pharisäer, herein!

*1. Richter:* Pharisäer Jussuf, was haben Sie uns zu sagen?

*Jussuf:*
Hohes Gericht! Dieser Gotteslästerer Jesus von Nazaret hat am Sabbat geheilt. Am Sabbat! So wird sich Gott nie erbarmen und auf die Erde kommen, um uns zu erlösen.

*3. Richter:*
Worauf gründen Sie Ihre Aussage?

*Jussuf:*
Ich bereitete mich am Sabbat für den Gottesdienst vor. Neben mir saß dieser Mann, der schon dreißig Jahre eine verkrüppelte Hand hat. Jesus kam heran, ging schnurstracks auf ihn zu und heilte ihn – ohne jeden Zwang! Als ob er nicht noch einen Tag hätte warten können! Unerhört!

*3. Richter:*
Danke, Sie können gehen.

*Ankläger:*
Dies ist erst der Anfang. Führen Sie den zweiten Zeugen, den Pharisäer Nathan, vor!

*2. Richter:*
Pharisäer Nathan, machen Sie bitte Ihre Aussage!

*Nathan:*
Hohes Gericht! Ich habe mit meinen eigenen Augen gesehen, wie dieser Jesus von Nazaret, der hier als Angeklagter steht, aus meinem Weizenfeld Ähren gepflückt hat, und zwar am Sabbat! (*Unruhe unter den Zuhörern*) Das ist ein eindeutiger Verstoß gegen das Sabbatgesetz. Wegen solchen Burschen wird Gott sein Volk nicht erlösen. Richtet ihn hin!

*2. Richter:*
Immer mit der Ruhe. Sind Sie fertig? Dann danke ich Ihnen für Ihre wichtige Aussage.

*Ankläger:*
Jesus hat nicht nur in grober und mutwilliger Form gegen das Sabbatgesetz verstoßen. Mehrfach hat er auch gegen unser jüdisches Frömmigkeitsgesetz verstoßen: Auch hierfür habe ich ehrenwerte Bürger als Zeugen. Bringen Sie den Nachbarn des Zolldirektors herein.

*Nachbar des Zolldirektors:*
Hohes Gericht, ich bin der Nachbar von Zolldirektor Zachäus. Ich habe selber gesehen, wie dieser Jesus, dieser Schurke, bei ihm mit gefährlichen Räubern und Sündern zusammensaß. Sie plauderten und freuten sich – und dieser Kerl da hat sogar mit ihnen gegessen und blieb über Nacht. Er hat als Rabbi eindeutig gegen das Frömmigkeitsgesetz verstoßen! (*Zurufe: Na so was! Schrecklich!*) Ich fordere die Todesstrafe!

*1. Richter:*
Nur immer langsam. Ihre Empörung über diesen Jesus ist ja verständlich, doch hat die Anklage noch weitere Zeugen gegen ihn aufgeboten.

*Ankläger:*
Gewiss! Holt den Pharisäer Saul!

*1. Richter:*
Herr Saul, haben auch Sie Jesus bei einem Gesetzesverstoß beobachtet?

*Saul:*
Das will ich meinen! Ich habe selbst gesehen wie der Ketzer Jesus zu einem Sünder gesagt hat: Ich vergebe dir deine Sünden! (*Zurufe: Unglaublich! Gotteslästerung!*) Das kann doch nur Gott selbst. Das ist ein großer Anklagepunkt. Das ist Gotteslästerung, darauf steht der Tod!

*1. Richter:*
Haben Sie sonst noch etwas gesehen oder gehört?

*Saul:*
Nein, aber das reicht doch?

*1. Richter:*
Vielen Dank für Ihre Aussage, Sie können jetzt gehen. Bringen Sie den nächsten Zeugen der Anklage herein!

*Ankläger:*
Jesus hat nicht nur gegen Sabbatgesetz und Frömmigkeitsgesetz verstoßen. Er hat – wie eben schon berichtet – Gott gelästert! Dafür habe ich drei Zeugen: Sadduzäer Hannas, einen Schafverkäufer und einen Geldwechsler vom Tempel.

*Hannas:*
Hohes Gericht! Dieser Kerl hier hat es gewagt, vor dem heiligen Gottesdienst alle Verkaufstische und Bänke umzuschmeißen und auch noch die Opfertiere zu vertreiben – und was ich noch schlimmer finde: Er hat das Geld der Verkäufer durch den Vorhof geworfen. Dann ist er zum Opferstock vorgedrungen und hat behauptet, wir versündigten uns gegen Gott. So eine Frechheit! Das lassen wir Sadduzäer uns nicht bieten. Dieser Kerl muss hingerichtet werden!

*2. Richter:*
Schafverkäufer, haben Sie zu demselben Vorfall etwas auszusagen?

*Schafverkäufer:*
Natürlich! Ein Skandal, dieser Jesus. Er trieb meine heilige Herde auseinander. Und jetzt fehlen mir drei meiner besten Schafe. Ich hätte garantiert 30 Drachmen für sie bekommen. Und das passiert an so einem heiligen Ort wie dem Tempel. Ich finde das unerhört!

*2. Richter:*
Das kann ich gut verstehen. Aber Sie wollten auch noch etwas zu diesem Vorfall sagen.

*Geldwechsler:*
Dieser Mann hat große Tempelschändung begangen. Er hat mir den Tisch, wo ich mein Geld sortiert hatte, absichtlich umgestoßen. Dabei brüllte er etwas von „Räuberhöhle". Jetzt fehlen noch immer 13 Drachmen. Das ist eine große Schande. So etwas ist mir noch nie vorgekommen! Er verdient die schwerste Strafe!

*Ankläger:*
Hohes Gericht, Sie haben nun genug Zeugenaussagen ehrenwerter Bürger gehört. Ich meine, die Sache ist eindeutig. Jesus hat sich mehrfach der schwersten Verbrechen schuldig gemacht. Herr Verteidiger, ich mache Ihnen den Platz frei. Doch Sie werden es schwer haben, solch einen Verbrecher zu verteidigen.

*1. Richter:*
Die Verteidigung hat das Wort. Auch Sie können Zeugen zur Verteidigung dieses Jesus von Nazaret aufrufen, wenn Ihnen das nötig erscheint.

*Verteidiger:*
Hohes Gericht! Die Vergehen von Jesus scheinen groß. Doch blickt man näher hin, so hat Jesus immer aus Liebe zu den Menschen und zu Gott gehandelt. (*Zwischenrufe: Zur Sache!*) So hat er verschiedene Kranke geheilt. Führt den Mann mit der früher verkrüppelten Hand herein.

*Mann mit der früher verkrüppelten Hand:*
Hohes Gericht! Da nun so viel gegen Jesus gesagt wurde, möchte ich etwas für ihn sagen. Schaut mich an. Ich hatte eine verkrüppelte Hand und meine Frau musste für unsere Familie betteln gehen. Doch da hat mich Jesus am Sabbat geheilt. Sicher verstößt das gegen das Sabbatgesetz, aber ich war froh, dass ich meinen Arm wieder bewegen konnte. Ich bin durch ihn und durch Gott ein neuer Mensch geworden. Endlich kann ich arbeiten und meine Familie versorgen!

*3. Richter:*
Schon gut. Das steht hier nicht zur Verhandlung. Geh wieder, wir brauchen dich nicht mehr!

*Verteidiger:*
Einem anderen hat Jesus noch mehr geholfen. Bringt den Jüngling von Nain in den Zeugenstand.

*3. Richter:*
Sprich nur zur Sache und möglichst knapp, die Zeit ist eh schon fortgeschritten!

*Jüngling:*
Hohes Gericht! Ich war lange Zeit schwer krank. Dann wurde es immer schlimmer und ich starb. Als die Trauergäste mich zu meiner letzten Ruhestätte geleiteten, kam Jesus vorbei. Er sagte zu meiner Mutter: „Sei nicht traurig! Dein Sohn ist nicht tot." Dann – so erzählen die Leute – ging er zu mir und rief: „Steh auf!" und wirklich: ich stand auf. Schaut her: Ich lebe! Freut euch! Dank sei Jesus und Gott, der durch ihn geholfen hat. (*Zischen der Pharisäer und Sadduzäer*)

*3. Richter:*
Hast du sonst noch etwas vorzubringen?

*Jüngling:*
Nein, eigentlich nicht.

*Verteidiger:*
Ich habe noch einen weiteren Zeugen geladen, der die große Liebe und Heilkraft Jesu erfuhr. Bringt den Bartimäus, der früher blind war.

*2. Richter:*
Bartimäus, erzähl, was du zu berichten hast. Fass dich aber kurz!

*Bartimäus:*
Sehr verehrtes, hohes Gericht! Dieser Jesus von Nazaret heilte mich, indem er mir mein Augenlicht wiedergab. Ich war vorher völlig blind und nun sehe ich so gut, dass ich sogar einer der besten Bogenschützen von Jerusalem bin.

*2. Richter:*
Hast du noch mehr zur Sache zu sagen?

*Bartimäus:*
Ich möchte nur noch sagen, dass ich Jesus viel verdanke und ihm sehr dankbar bin. (*Gemurmel*)

*Verteidiger:*
Doch Jesus hat keineswegs nur geheilt. Am meisten versuchte er die, die am Rande der Gesellschaft stehen, anzusprechen und ihnen zu helfen. Ruft den ehemaligen Zolldirektor Zachäus.

*Zachäus:*
Es stimmt, dass ich – wie mein Nachbar erzählt hat – mit Jesus von Nazaret gegessen habe. Aber er hat mir gezeigt, was die Freundschaft bedeutet und ich habe eingesehen, dass Geld und Reichtum nur Angst und Hass bringen. Gier bringt kein Glück. Und darum fordere ich die Freilassung von Jesus. (*Hört, hört!*)

*1. Richter:*
Haben Sie zur Sache noch etwas zu sagen?

*Zachäus:*
Man muss Jesus freilassen. Er hat mir doch so viel geholfen! (*Raus mit ihm! Schmeißt ihn raus!*)

*Verteidiger:*
Hohes Gericht, Sie haben von diesen Zeugen gehört, wie sehr sich Jesus um andere Menschen gekümmert hat. Gott hat durch ihn vielen geholfen. Bedenken Sie das bei Ihrem Urteilsspruch! (*Pfui! Weg mit ihm!*)

*Erzähler:*
Wir wissen alle, dass der Prozess gegen Jesus nicht so geführt wurde. Es gab keinen Verteidiger, keine Entlastungszeugen. Jesus war schon vor dem Prozess verurteilt. Doch hat sich gewiss mancher von denen, denen Jesus geholfen hatte, später überlegt, welches Unrecht dem Mann aus Nazaret widerfahren ist. Deshalb ließen wir sie in diesem, unserem Prozess auch auftreten. So bilden Sie sich ein eigenes Urteil über die Schuld des Jesus von Nazaret.

1. Thematische Einordnung: Dieses Hörspiel entstand als (Projektarbeit und) Abschluss eines Jesus-Lehrgangs in der 6. Klasse.

2. Die Ankündigung eines selbst gestalteten Hörspiels am Ende der Unterrichtseinheit wirkte sich sehr positiv auf das Interesse der Schüler aus. Zielstrebig versuchten sie, alle im Unterricht behandelten Bibeltexte in ihrer Bedeutung für das Ende Jesu zu analysieren. Die Zahl der Rollen ergab sich aus der Gesamtzahl der Schüler. Nachdem im Klassengespräch die Gesamtkonzeption erörtert und die einzelnen Rollen gefunden worden waren, entwarfen Kleingruppen die einzelnen Textpassagen. Aus ihren Ergebnissen wurde von fünf Schülern (in Zusammenarbeit mit dem Lehrer) das endgültige Manuskript fertig gestellt (das eine Schülermutter abtippte und vervielfältigen ließ). Dieser auch zeitlich hohe Aufwand (es wurden noch zwei Stunden für die eigentliche Aufnahme benötigt) erscheint aber aufgrund der Wichtigkeit des Themas gerechtfertigt. Zudem wurde das fertige Hörspiel bei einem Elternabend vorgespielt.

# Unterrichtsgespräch

0. Grundansatz: Zunehmend scheint für viele Menschen in Deutschland kaum ein bzw. kein Zusammenhang zwischen christlichem Glauben und Alltag zu bestehen. Die Zahl von Anhängern nichtchristlicher Daseins- und Wertorientierungssysteme bzw. einzelner Versatzstücke hieraus nimmt – auch unter Kirchenmitgliedern – zu. In dieser Situation ist es wichtig, dass Menschen lernen, sich in religiösen Fragen angemessen auszudrücken und den möglichen Zusammenhang zwischen Christentum und Alltag zu entdecken. Hierzu dient u. a. das Unterrichtsgespräch.

Pädagogisch gesehen ist die Fähigkeit, mit Anderen Gespräche zu führen, eine Grundvoraussetzung zum mündigen Leben in der Demokratie.

1. Es gibt verschiedene Formen des Unterrichtsgesprächs, die voneinander unterschieden werden müssen. Denn sie sind jeweils von anderen Voraussetzungen abhängig und erfordern unterschiedliches Agieren der Lehrerinnen.

2. Offenes Unterrichtsgespräch (oder: Diskussion): Es setzt inhaltlich die Informiertheit der Schüler – sie müssen über verschiedene Argumente verfügen – und die Umstrittenheit des Themas in der Klasse voraus. Formal ist besonders auf die Einhaltung grundlegender Gesprächsregeln zu achten:
- den anderen ausreden lassen;
- sich der (von einem Diskussionsleiter/einer Diskussionsleiterin bestimmten) Reihenfolge der Wortmeldungen unterordnen;
- sich möglichst kurz fassen;
- sich auf frühere Beiträge beziehen.

Anzustreben ist eine möglichst breite Beteiligung (gegen Dialoge Einzelner). In höheren Klassen kann einem Schüler die Gesprächsführung übertragen werden. Ansonsten muss sich die Lehrerin an die Rolle als Moderatorin halten und eigene Sachbeiträge zurückstellen.

Bei Interesse nur einzelner Schüler an speziellen Fragen sollte die Diskussion außerhalb der Unterrichtsstunde weitergeführt werden.

Besonderer Wert ist auf die Ertragssicherung (z. B. durch ein Protokoll, einen von den Schülern selbst formulierten, zusammenfassenden Hefteintrag o. ä.) zu legen, damit nicht der Eindruck entsteht, Diskussionen seien fruchtlos.

3. Gelenktes Unterrichtsgespräch (oder: fragend-entwickelndes Verfahren): Hier versucht die Lehrerin in sehr viel aktiverer Weise die Schüler zum eigenen Entdecken wichtiger Ansichten zu führen. Sie bedient sich hierbei möglichst genauer Fragen. Die Antworten der Schüler werden eindeutig danach bewertet, was sie zum Erreichen des angestrebten Zieles beitragen. Dabei sind die Lernvoraussetzungen genau zu bedenken, so dass es nicht zu Rateaktionen kommt. So können z. B. neue Begriffe nur von der Lehrerin selbst eingeführt, nicht aber erfragt werden. Zu vermeiden ist das sog. Lehrerecho, also das Wiederholen einer Schülerantwort durch die Lehrerin (Gefahr: Schüler sprechen immer leiser, weil die Lehrerin als Verstärker wirkt. Damit wird ein Gespräch der Schüler untereinander – ohne Zwischenstation bei der Lehrerin – unmöglich).

Das gelenkte Unterrichtsgespräch ist eine sehr schwere Methode, die sorgfältige Vorbereitung (Formulierung der Fragen, aber auch eventueller Hilfsfragen) erfordert und sich deshalb keinesfalls als Lückenfüller eignet. Sie sollte zeitlich eng begrenzt sein.

4. Therapeutisches Unterrichtsgespräch: Vor allem, aber nicht nur in kleineren homogeneren Klassen, in denen die Lehrerin bereits länger unterrichtet, kann es – z. T. unerwartet – zu sehr persönlichen Äußerungen von Schülern kommen, die ein eigenes Lebensproblem formulieren. Bei einem Gespräch hierüber ist es zum einen wichtig, diesen Schüler (der sich vielleicht aus Betroffenheit ungeschickt ausdrückte) vor unsachlichen, verletzenden Äußerungen zu schützen. Zum anderen kann es sich empfehlen, solche Probleme in eigenen Stunden zu thematisieren (vielleicht in einem Stuhlkreis).

5. Daneben entstehen manchmal, gleichsam unbeabsichtigt Plaudereien am Rande des Schulalltags. Sie sind für eine entspannte Atmosphäre zwischen Lehrerin und Schülern nicht unwichtig. Allerdings sollte hier darauf geachtet werden, dass es zu keinen Gesprächen über Dritte (etwa Lehrerkolleginnen) kommt, die negativ gefärbt sind.

6. Das Unterrichtsgespräch ist grundsätzlich eine disziplinär anfällige Methode. Es erfordert Konzentration der ganzen Klasse und hängt in seinen Möglichkeiten vom intellektuellen, sprachlichen und sozialen Niveau einer Klasse und der sprachlichen Prägnanz der Lehrerin ab. Insgesamt ist – mit Ausnahme des therapeutischen Unterrichtsgesprächs – auf eine klare zeitliche Begrenzung (höchstens 15 bis 20 Minuten, gelenkte Unterrichtsgespräche kürzer!) zu achten.

Literatur:
Kurz, H., Methoden des Religionsunterrichts, München 1984, 29–36
Lachmann, R., Gesprächsmethoden im Religionsunterricht, in: Adam, G.,
Lachmann, R. (Hg.), Methodisches Kompendium für den Religionsunterricht 1,
Göttingen ⁴2002, 113–136

**Beispiel:**

Der Religionspädagoge Peter Orth stellte (in: PÄDAGOGIK 1992/9, 44–47)
aus der Praxis folgende Regeln zur Lehrerfrage und zur Reaktion auf Schüleräußerungen zusammen:

1. Sorgen Sie dafür, dass „das Thema, die Fragestellung und das angestrebte Gesprächsergebnis allen Gesprächsteilnehmern klar sind"!
2. Lassen Sie geeignete Fragen in Partner- oder Gruppenarbeit beantworten!
3. Achten Sie auf das Niveau ihrer Fragen!
4. Stellen Sie auch „weite" Fragen!
5. Lenken Sie das Klassengespräch verstärkt durch Impulse!
6. Setzen Sie non-verbale Impulse ein!
7. Vermeiden Sie Fragen der anspruchslosen Bewertung!
8. Vermeiden Sie Suggestivfragen!
9. Bevorzugen Sie kurze eindeutige Formulierungen!
10. Vermeiden Sie das Häufen von Fragen (Kettenfragen)!
11. Sprechen Sie die gesamte Lerngruppe an!

1. Lassen Sie Ihren Schülern Zeit zur Beantwortung!
2. Sammeln Sie zunächst die Schülerantworten!
3. Vermeiden Sie stereotype Bekräftigungen!
4. Geben Sie minimale Lernhilfen zur Beantwortung!
5. Fördern Sie leistungsschwache Schüler!
6. Beantworten Sie Ihre Fragen nicht selbst!
7. Denken Sie daran, dass Sie ein Klassengespräch leiten!
8. Achten Sie darauf, dass die Ergebnisse der Klassengespräche klar und die einzelnen Gesprächsphasen deutlich markiert werden!

# Register zu Beispielen